RISCOS do Conflito

ESTUDO DE CASO

LEANDRO GOMIDE

RISCOS do Conflito

ESTUDO DE CASO

Na atividade empresarial
e a adequação de ferramentas preventivas
na relação com o cliente

Prefácio de Elisabeth V. De Gennari

HAIKAI
EDITORA

Diagramação e Capa
Gláucia Midori

Imagens de capa
Freepik.com

Preparação e revisão
Mônica Naomi Oi

Dados Internacionais de Catalogação na Publicação (CIP)

G633r Gomide, Leandro

Riscos do conflito: na atividade empresarial e a adequação de ferramentas preventivas na relação com o cliente – Estudo de Caso/ Leandro Gomide.
São Paulo : Editora Haikai, 2021.
122 p. ; 14cm x 21cm.

Inclui índice.
ISBN: 978-65-86334-74-6

1. Administração. 2. Empresas. 3. Clientes. I. Título.

CDD 658.85
2020-2881 CDU 658.85

HAIKAI EDITORA
Rua Mil Oitocentos e Vinte e Dois, 654 - Ipiranga
04216-000 – São Paulo – SP
haikaieditora.com.br
facebook.com/haikaieditora
instagram.com/haikaieditora

AGRADECIMENTOS

Das sábias palavras de Carlos Drummond de Andrade *"no meio do caminho tinha uma pedra... tinha uma pedra no meio do caminho..."*. É em referência às pedras encontradas neste caminho que teço agradecimentos a tantas pessoas, que tracejaram comigo esta longa caminhada, ajudando a removê-las e vencer os obstáculos avistados, mas já ultrapassados, nestes cinco anos de estudo.

A iniciar, agradeço a Deus. O ar que eu espiro, o pão que me alimenta, a água da vida! O que era, o que é e o que há de ser eternamente a essência de minha existência. A minha força desde o momento em que decidi pelo caminho do Direito até o dia de hoje. Ele que achou graça onde nada existia, trouxe paz onde havia guerra, luz onde habitava as trevas e a quem rendo toda minha gratidão.

Agradeço à minha família que no meio da minha jornada, em 2016, não me deixou desistir. A começar por minha avó materna Antoninha, mulher de fé, guerreira, corajosa e fonte de inspiração nos percalços da vida. Aos meus avós paternos, Manoel e Severina, fontes de determinação e disposição nos encalços da vida. À minha mãe, Tânia, mulher autêntica, de qualidades inexprimíveis e de ensináveis jeitos de lidar com a vida. Ao meu pai, Antonio Manoel, homem de fé, de grande inspiração, amigo e advogado com formação tão esmerada e alcançada pouco tempo antes do início de minha desbravada vereda no Direito. Ao meu irmão, Lucas Gomide, companheiro de boas conversas e primogênito dos ensinamentos da vida, excepcionalíssimo profissional de TI e, à sua esposa Karolline Queiroz, exímia administradora e pessoa de distinto afeto. Aos parentes, familiares, tios e primos, integrantes da família Gomide, Salatiel e Souza, que tanto me apoiaram, se orgulharam, fizeram e ainda fazem parte deste processo. Gratidão!

Agradeço aos amigos que me acompanharam na caminhada, viram meus anseios, entenderam os meus desabafos e me alentaram nas minhas preocupações. Das lágrimas de cansaço aos gritos de alegria quando na aprovação no Exame da Ordem dos Advogados do Brasil. Viveram comigo e sorriram por mim, quando palavras me faltavam em momentos difíceis, sendo ânimo na peleja e nas lutas.

Obrigado aos professores da Faculdade de Direito de São Bernardo do Campo, docentes que compartilharam seus conhecimentos durante todo o Curso de Bacharel em Direito, nesta renomada faculdade. Professores que me inspiraram e me amadureceram. Àqueles que não retiveram conhecimento e me impulsionaram ao crescimento.

De forma singular, agradeço ao professor Gilberto Carlos Maistro Junior, doutor, que com toda dedicação e veemência, ministrou grandes aulas de direito trabalhista, além de ser um dos construtores do alicerce na primeira fase do Exame da Ordem; à professora Thais Cavalcanti, doutora de grande gabarito que coordenou minha graduação e fez uso de todos os esforços para transmitir seu conhecimento e se desdobrar, nas noites de sextas-feiras, entre a coordenação e as aulas de prática de direito constitucional, o qual foi o alicerce de minha aprovação na segunda fase do Exame da Ordem. Obrigado por sempre estar disposta a ouvir e ser válvula de escape em momentos de grande turbulência.

Sinceros agradecimentos aos colegas e amigos acadêmicos que conheci e foram companhia durante tantas noites exaustivas de estudo, mas também estímulo para permanecer nesta caminhada.

Agradecimentos à minha orientadora, professora Elisabeth Vicentina De Gennari, advogada e professora implacável na sua assiduidade e no comprometimento em lecionar ao corpo discente. Pessoa que verdadeiramente aceitou e adotou de plano e, com grande entusiasmo, a proposta deste trabalho, no desbravamento do conflito, de suas nuances, e de suas novativas formas de mitigação, elucidação e enfrentamento.

Agradeço ao professor Fernando Schwarz Gaggini, mestre, especialista em direito empresarial, que compôs minha banca, e foi peça fundamental em minha formação. Profissional inspirador que durante dois anos lecionou, dando-me a oportunidade de aprender com sua experiência e, entender com sua didática, o ainda, direito comercial, entregando-me as sementes para que plantasse minhas raízes no direito empresarial.

Ao examinador, também integrante de minha banca, advogado, mestre e doutor, professor Marino Luiz Postiglione, o meu agradecimento por suas exposições e indicações relevantes quando na avaliação desta tese de láurea.

Ao mestre e doutor, professor Leonardo Fabris Lugoboni, meus agradecimentos, pois além de meu orientador no curso de administração, novamente, me auxiliou compartilhando artigos científicos que ampliaram, ainda mais, a visão sobre o tema.

Agradeço a Deus pelas portas profissionais abertas ao longo destes anos. Aos colegas que conheci, aprendi e vivi grandes experiências, nos lugares em que trabalhei. A quem me deu o suporte para desenvolver minhas habilidades e conhecimentos obtidos na sala de aula. Amigos profissionais, colegas de equipe, de trabalho e líderes excepcionais, os quais me deram a honra de ser seu liderado. Obrigado a tantas pessoas que conheci no meio profissional, àquelas que fizeram parte e, no detalhe, com um gesto, uma palavra ou um abraço, mudaram meu dia, trazendo leveza nos dias exaustivos de trabalho.

Agradeço a sociedade empresária que acreditou em minha capacidade e possibilitou o acesso às informações necessárias para resposta dos questionamentos que serão lidos neste livro.

Agradecimento aos órgãos, empresários, e pessoas que me auxiliaram, na apuração de informações e aperfeiçoamento desta pesquisa, dos quais, menciono, em especial: o Tribunal de Justiça do Estado de São Paulo; a sociedade empresária de consultoria Tracksale; à professora Roberta Densa, doutora e especialista em direito consumerista, a qual em rápidos questionamentos, fora ponto focal no esclarecimento de dúvidas; e Fred Reichheld, criador da ferramenta NPS, o qual indicou os artigos relacionados ao tema deste estudo.

Obrigado a toda a família IDP, família na fé, que entendeu, se alegrou com minhas alegrias e se ajoelhou em meio a tantas aflições. Pois é... *"os que com lágrimas semeiam, com júbilo colherão seus feixes de alegria"*. Este é o fruto da tão árdua caminhada a qual compartilho com vocês.

De agradecimentos em agradecimentos.
Incontáveis gratidões.
Gratidão, a memória do coração.

"Amar o próximo como a si mesmo é uma ideia poderosa"

Fred Reichheld, 2019

PREFÁCIO

Com grande satisfação, recebi o convite para redigir a apresentação deste livro – *Riscos do conflito na atividade empresarial e a adequação de ferramentas preventivas na relação com o cliente – Estudo de caso* –, cujo conteúdo foi originariamente apresentado como Trabalho de Conclusão de Curso no bacharelado da Faculdade de Direito de São Bernardo do Campo sob minha orientação.

Conheci **Leandro Gomide de Sousa**, como a maior parte dos meus antigos alunos, no 4º ano de sua graduação, na qual, por três décadas, ministrei Direito Processual Civil, ramo da ciência jurídica que, ao contrário da percepção corriqueira, tem como objeto de estudo da questão desvendar qual é a melhor resposta técnica para a crise do direito nas relações sociais.

Quase todo estudante chega ao curso de Direito, e por vezes dele sai, com o falso conceito, ou melhor, preconceito, de que o processo civil apenas enfeixa os princípios e as regras para a aplicação da lei, pelo Estado-juiz, a casos concretos de disputa entre duas ou mais pessoas, física ou jurídica, em conflito e se resume ao Código de Processo Civil em vigor.

Nessa perspectiva, o Direito Processual Civil apenas incidiria sobre as relações sociais quando uma das partes, normalmente a que teve uma pretensão desatendida, promovesse, contra a parte resistente, ação perante o Poder Judiciário e, após pendenga previsivelmente longa, o Juiz levantasse o seu braço, ou do seu oponente, no centro do ringue – assim enxergada a sentença –, proclamando o "vencedor" e o "perdedor", este último no mínimo "condenado" a pagar as chamadas verbas de *sucumbência*.

Essa visão do processo costuma ser identificada como "Cultura da Sentença".

Restringir o direito processual a mero veículo da jurisdição estatal sedimentou-se por séculos, quer no absolutismo, no qual a jurisdição era exercida pelo dirigente do país ou comunidade, quer no liberalismo do "Estado Moderno a la *Montesquieu*", no qual a jurisdição é privativa do Poder Judiciário, porque, afinal, **jurisdição é Poder**.

Assim, na sua finalidade última, não haveria distinção entre o processo civil (sobre disputas nas relações sociais) e o processo penal (sobre infrações contra a sociedade).

A punição às infrações contra a sociedade ser privativa do Estado atende ao primado do Estado Democrático de Direito de que ninguém poderá ser penalizado sem a garantia da ampla defesa e análise exauriente dos fatos incriminadores. A exclusividade estatal da jurisdição repressiva contribui para a segurança social.

Mas será que essa lógica atende às reais necessidades das relações sociais civis? O processo civil, como instrumento dessa lógica, elimina os conflitos sociais? Torna melhores as relações que nos circundam no dia a dia, tais como as de vizinhança, as familiares, as de consumo, as de prestação de serviços, dentre outras?

Sob outra ótica, serviria o processo civil para incrementar a lucratividade da atividade empresária e a eficiência da atividade estatal?

A resposta negativa é de domínio público, e não apenas dos estudiosos do direito, da sociologia ou da filosofia.

Destarte, o Direito Processual Civil tem por escopo desenvolver técnicas que previnam, gerenciem e solucionem conflitos para, a partir de processos construtivos, pacificar as relações sociais.

O desenvolvimento de tais técnicas pressupõe o estudo do conflito identificando os elementos que o compõem, estimulam e/ou desestimulam e, particularmente, sua função transformadora.

Pois conflito é uma manifestação inerente à conduta humana, podendo assumir esta ou aquela feição, dependendo do caminho que os envolvidos escolham para seu manejo e resolução (DEUTSCH, 1973).

O estudo interdisciplinar da teoria dos conflitos se intensificou a partir de 1970 e frutificou nos denominados meios pacíficos de solução de conflitos (e disputas).

Essas técnicas privilegiam a empatia, a moderação, a compreensão, o crescimento, o ganho comum e, sobretudo, a crença das partes de sua capacidade, autonomia e responsabilidade em solucionar com a outra parte os conflitos dos quais participem.

Diversamente pressupõe reconhecer que o poder de solução dos conflitos é originário das próprias partes que o integram. E, se referindo tais conflitos a direitos transacionáveis, são elas que detêm o poder de estabelecer a forma mais adequada de solução desse conflito.

Dentre as muitas técnicas que estimulam os processos construtivos para a solução de conflitos pelas próprias partes estão a negociação, mediação, conciliação, escuta confidencial, opinião de terceiro neutro etc.

Essa visão do processo costuma ser identificada como "Cultura da Paz".

A aplicação de tais técnicas na solução dos conflitos sociais não apenas conduz a pacíficas relações de vizinhança, familiares, consumeristas, as de prestação de serviços, dentre outras, mas também serve para aumentar a lucratividade da atividade empresária e a eficiência da atividade estatal.

O conflito que se transforma em disputa e depois em litígio objeto de processo judicial adjudicatório tem custo elevado, repercutindo em todas as áreas, sendo a mais perceptível a financeira. Mas também detrata a imagem dos litigantes, retira-lhes a credibilidade, a eficiência e, quando empresários, a lucratividade do negócio e da marca.

É possível concluir que a aplicação das técnicas de solução pacífica de conflitos é instrumento para adequada gestão empresarial com vistas a maior lucratividade e persistência positiva no mercado.

Neste ponto, encontram-se o direito empresarial e o direito processual, bem como o orientando, o autor da obra ora apresentada e esta orientadora.

Ao constatar, de um lado, no estágio da empresa em que trabalhava, os custos na manutenção de processos judiciais em todo país, a eventual perda progressiva de clientes em virtude desses conflitos não solucionados e o possível impacto na lucratividade da atividade desenvolvida, e de outro, na sala de aula, a existência de instrumentos para evitar esses processos judiciais, com a mudança de paradigma na solução de conflitos, elaborou o ora autor seu projeto de Trabalho de Conclusão de Curso.

Desse modo, deu origem a uma obra pertinente não apenas ao direito empresarial e ao direito processual, mas também à administração de empresas, e na gestão da relação empresa-cliente, sendo, pois, um trabalho multidisciplinar.

A escolha pelo método empírico, com estudo de caso, atende a um dos mais importantes objetivos das técnicas de solução pacífica dos conflitos, que é a flexibilidade para amoldá-las às necessidades concretas, bem como, despertar o interesse na leitura não apenas por estudiosos, mas por todos que interagem na dinâmica das relações empresa-cliente.

O autor descreve, com detalhes, qual o momento oportuno para conquistar o cliente ou perdê-lo por consequência de um conflito, não sem antes fornecer ao leitor sólidos conceitos científicos para identificação desse momento e o emprego da técnica adequada a ser aplicada.

Essa explanação toma por pano de fundo a realidade apurada pelo Conselho Nacional de Justiça sobre o volume de processos e tempo médio para sentenciamento no Judiciário brasileiro.

Esse estudo revela não apenas a eficiência na prevenção, gestão e solução de conflitos no âmbito de uma Instituição financeira, com a aplicação dessas técnicas pacíficas, também conhecidas, como "alternativas" na solução dos conflitos com seus clientes, mas a necessidade de que essas técnicas sejam permanentemente pesquisadas, ampliadas e diversificadas, adequando-se ao multifacetário universo dos conflitos humanos.

Em arremate, nunca é demais lembrar que a solução desses conflitos humanos deve propiciar felicidade, bem-estar, paz de espírito e crescimento pessoal, social e institucional. Deve e pode ser um processo construtivo.

Muito honrada pelo convite, faço questão de contribuir, com estas poucas linhas, ao interesse do público leitor e estimular os estudiosos, incluindo o autor da obra, na persistente pesquisa acadêmica do verdadeiro escopo do Direito Processual Civil: pacificação com justiça e satisfação de todos os envolvidos.

Cotia, 27 de dezembro de 2020.

Elisabeth V. De Gennari

Professora Titular de Direito Processual Civil da
Faculdade de Direito de São Bernardo do Campo

APRESENTAÇÃO

A gênese temática deste trabalho surgiu do questionamento de cultura ainda prevalecente e acampada em nossa sociedade: a cultura do litígio.

Foi trabalhando no Departamento Jurídico, de uma empresa, no setor contencioso, que constatei na rotina de minhas atividades, processos administrativos e judiciais, de igual teor, advindos de localidades, senão próximas, idênticas e, cujo objeto das demandas descreviam problemas muito similares.

Diante disto, iniciei reflexão acerca dos impactos que ecoam à atividade empresária em razão do grande contingenciamento de processos demandados por consumidores/clientes, com certeza, insatisfeitos e que, de certa forma, convergem em pedidos semelhantes, tornando-se um risco à atividade empresarial.

O risco é incomensurável. Leia-se, não somente risco financeiro, mas como veremos neste estudo, as nuances e os percalços do risco de se ter conflitos não gerenciados, na relação entre o empresário e seu cliente, é imprevisível, impactando de forma negativa por não serem sopesados pela atividade empresarial.

No âmbito contencioso, é mais prático detectar a razão do litígio, pois a demanda do cliente insatisfeito é transcrita, conhecida pelas partes do processo, que possuem acesso à razão do conflito que gerou uma pretensão resistida.

Diante de tal constatação, ergue-se um questionamento: existiriam ferramentas preventivas eficazes que pudessem auxiliar o empresário a direcionar sua tomada de decisão e, de modo assertivo, eliminar ou mitigar o risco do conflito, mantendo uma relação saudável e sustentável com o cliente, de modo a preservá-lo nesta posição?

Com base nesta inquietude, pretende-se nesta tese de láurea, trazer à baila da discussão: o conflito como um risco, o risco na atividade empresarial, um estudo de caso acerca do tema e, sua devida apuração, por meio de adequadas ferramentas preventivas do conflito, na relação entre empresário e cliente.

Resumo

A finalidade deste estudo é compreender, no ambiente interno das empresas, os meios e ferramentas para identificar conflitos e impedir o surgimento de litígios demandados à jurisdição contenciosa estatal. Atestando, no plano empírico, por meio de um estudo de caso, as atuais soluções empreendidas pelos empresários com o objetivo de identificar, entender, solucionar e mitigar os conflitos no prospecto empresa e cliente. Através de uma entrevista com o responsável jurídico da área cível de uma sociedade empresária pertencente à B3, foi possível perceber a preocupação em diminuir conflitos, bem como, a utilização de ferramentas para este fim.

Palavras-Chave: Conflito, Riscos, Atividade Empresarial, Prevenção, Litígio, Justiça, Satisfação, Cliente.

Abstract

The purpose of this study is to understand within the internal environment of companies the means and tools to identify conflicts and prevent the emergence of disputes brought to state litigation jurisdiction. Attesting, in the empirical plan, through a case study, the current solutions undertaken by entrepreneurs with the objective of identifying, understanding, solving and mitigating conflicts in the company and client prospects. Through an interview with the civil legal counsel of a company belonging to B3, it was possible to understand the concern to reduce conflicts, as well as the use of tools for this purpose.

Keywords: *Conflict, Risks, Business, Prevention, Litigation, Justice, Net Promoter Score, Satisfaction, Client.*

Abreviaturas

ABRAREC – Associação Brasileira das Relações Empresa Cliente
ABJ – Associação Brasileira de Jurimetria
ABO – Associação Brasileira de Ouvidores/Ombudsman
AOL – America Online
B3 – Bolsa de Valores Oficial do Brasil
BACEN – Banco Central do Brasil
CEJUSC – Centro Judiciário de Solução de Conflitos e Cidadania
CEO – Chief Executive Officer (Diretor Executivo)
CNJ – Conselho Nacional de Justiça
EIRELI – Empresa Individual de Responsabilidade Limitada
FEBRABAN – Federação Brasileira de Bancos
IDP – Igreja de Deus Pentecostal
Nº – Número
NLE – Net Lives Enriched (Grau de Vidas Enriquecidas)
NPS – Net Promoter Score (Grau de Lealdade dos Consumidores)
NUPEMEC – Núcleo Permanente de Métodos Consensuais de Solução de Conflitos
PROCON – Programa de Proteção e Defesa do Consumidor
SAC – Serviço de Atendimento ao Consumidor
SLA – Service Level Agreement (Acordo de Nível de Serviço)
SENACON – Secretaria Nacional do Consumidor
SINDEC – Sistema Nacional de Informações de Defesa do Consumidor
TCU – Tribunal de Contas da União
TI – Tecnologia da Informação

SUMÁRIO

Introdução 27

1. O conflito 33

2. Riscos da atividade empresarial 41

2.1 Da atividade empresarial 41

2.1.1 Características da atividade empresarial 43

2.1.1.1 Do profissionalismo 43

2.1.1.2 Da atividade econômica 44

2.1.1.3 Da organização da atividade empresária 45

2.2 Dos riscos da atividade 46

3. Conflito na relação empresário e cliente 51

3.1 Da mudança da cultura da judicialização 55

3.2 Dos estímulos à mudança da cultura da judicialização 57

4. Das ferramentas de se identificar o conflito 61

4.1 Ferramenta de levantamento de informações 61

4.2 Da ferramenta de medição da satisfação do cliente: *Net Promoter Score* 70

4.2.1 Da métrica de avaliação 72

4.2.2 Dos primeiros questionamentos da criação do NPS 74

4.2.3 Das críticas ao NPS 78

5. Da pesquisa de campo **83**
5.1 Do direcionamento da pesquisa 83
5.2 Da metodologia empregada 84
5.3 Da análise dos dados obtidos 84
5.3.1 Do aspecto da identificação de riscos com o cliente 85
5.3.2 Do aspecto da incorporação das medidas 88
5.3.3 Medidas preventivas na atualidade 94
5.4 Da verificação no plano empírico 100
Considerações finais **109**
Referências **113**

Tabelas

Tabela 1 – Zonas do Grau de Lealdade 74
Tabela 2 – Posição da Instituição Financeira, estudo de caso, no Ranking dos mais demandados no PROCON em 2018 105

INTRODUÇÃO

A Constituição Federal do Brasil em seu artigo 5º, inciso XXXV, garante que a lei não impedirá que o Poder Judiciário aprecie qualquer lesão ou ameaça ao direito.

A norma é garantia constitucional que possibilita a todos acesso ao Poder Judiciário e visa garantir a afluência na obtenção de uma ordem jurídica tempestiva e adequada.

O Código de Processo Civil (2015) colocou em destaque diversos métodos de resolução de conflitos com o objetivo de atingir o ideal de justiça supramencionado, e consolidou a ideia de que nem sempre uma decisão adjudicada por um terceiro, seja ele estatal ou advinda da escolha das partes, irá satisfazer a parte vencedora.

Por isso, entender o comportamento daquele que busca a tutela jurisdicional com o propósito de abraçar um provimento que ponha termo ao conflito – originado de uma insatisfação que não foi ouvida e nem assistida em tempo – é fundamental para identificar e mitigar futuros litígios.

Desta questão, nasce a motivação do estudo aqui retratado, qual seja, a identificação de ferramentas preventivas de conflitos.

Levanta-se com isso algumas problemáticas, dentre elas, o seguinte questionamento: em havendo demandas contenciosas contra determinado empresário que é constantemente chamado ao polo passivo, em localidade específica, seria possível identificar os conflitos antes da existência da própria lide, de forma a entender o que ocorre, e buscar a prevenção de litígios? Este é o questionamento e o objetivo central deste trabalho.

Segundo aponta o "Relatório Analítico Propositivo de Políticas Públicas do Poder Judiciário", produzido em 2018, pelo Conselho Nacional de Justiça (CNJ) e a Associação Brasileira de Jurimetria (ABJ), é o conflito nas relações consumeristas que mais influenciam no volume de processos do Poder Judiciário.

Com base nos dados do relatório foi identificado que somente no ano de 2014, a responsabilidade dos empresários, bem como, as indenizações por dano moral nas relações consumeristas, resultaram em mais de dois milhões de novos casos, colocando esta categoria como a terceira maior na pesquisa que concatenou os dados dos Tribunais apurados no referido relatório, representando 4% de todas as novas demandas judiciais entre os anos de 2014 e 2015.

A partir desse estudo, verificou-se que os empresários têm grande preocupação com as ações judiciais promovidas por seus clientes/consumidores. Por intermédio das reuniões realizadas, constatou-se que soluções administrativas não produziriam efeitos nos casos já existentes, mas poderiam reduzir a entrada de novos.

O relatório faz um profundo levantamento estatístico acerca dos maiores litigantes da jurisdição contenciosa estatal e arrola que, em um cenário como este, compreender o volume e o perfil dos que ingressam no Poder Judiciário é fundamental para a boa administração da justiça.

Isto posto, além da busca por justiça, é necessário entender que, o que conduz o cliente a mover uma ação judicial, em face daquele que exerce a atividade empresarial, não deve ser só preocupação do Judiciário – que realiza projetos nesta finalidade, e que serão observados neste estudo – mas dos próprios empresários que arcarão com um potencial fator de risco à sua atividade empresarial.

O presente estudo dividiu-se em analisar os contornos do conflito; os riscos à atividade empresária; a relação cliente/consumidor e empresário; as ferramentas adequadas para identificação e prevenção dos litígios, e a realização de estudo de caso.

Entende-se por conflito quando existe o interesse sobre algo, mas que esta pretensão ainda não foi resistida, relação que será estudada no primeiro capítulo deste estudo. O conflito está no cerne do litígio, mas não é o litígio. Por isso, é importante compreender os liames do conflito que, de certa forma, se tornam um risco para a atividade empresária.

Não é possível escapar dos riscos, eles são inevitáveis. O empresário que não se debruça em conhecer os riscos aos quais está exposto, poderá ter reduzido significativamente seus resultados e até fracassar no seu empreendimento. É preciso gerir os riscos que envolvem a atividade empresarial, com o fim de mitigar ao máximo as probabilidades de sua ocorrência e de seus efeitos. Em razão disto, serão analisados no capítulo segundo os riscos da atividade empresária.

O desgaste que o empresário percebe em ter o nome empresarial (razão social) ou até o nome fantasia de sua empresa listada em sítios eletrônicos especializados em reclamação, com avaliações altamente negativas, e de ser demandado por ações judiciais, prejudica direta e indiretamente o comportamento que o cliente terá na sua relação com o empresário.

Isso potencializa o risco financeiro de investimentos e forma um ambiente comprometedor que influirá na tomada de decisão de qualquer negócio, seja de uma microempresa ou de uma multinacional. Consubstanciado nessa questão, no terceiro capítulo, será estudada a relação entre cliente e empresário.

Destaque-se que o pequeno empresário está muito mais exposto aos riscos e tem estrutura muito menor para lidar com problemas relacionados aos conflitos que são inerentes às relações com o cliente, por isso, a ele também se aplica o estudo aqui desenvolvido.

Deve-se compreender que o conflito é um risco que precede à lide e prevenir é o melhor caminho.

No âmago deste tema, não se pode confiar somente no *feeling* do empresário, do dono do negócio que, em tese, sempre está atento aos potenciais fatores de risco à sua empreitada. É claro que sua capacidade de sentir uma situação, sua sensibilidade e percepção às condições econômicas de mercado, sua atenção no relacionamento com o cliente e sua experiência no ramo, são fundamentais para a gestão da atividade.

Conquanto, imaginar as razões e os motivos que ensejaram a insatisfação do cliente e sua mobilização em busca do provimento jurisdicional, parece ser algo um tanto difícil para quem está na linha de frente representando o empresário, sobretudo de maneira preventiva, porém, há elementos indicativos que, se identificados, auxiliarão nas estratégias preventivas que o empresário deve tomar.

É mister esclarecer que prevenir não significa afastar todos os litígios, mas precaver-se, minimizando e antevendo, por meio de ferramentas e medidas cautelares, o surgimento de eventuais demandas judiciais.

Não obstante, quando aplicados os meios e ferramentas eficazes, este imaginário distante é aproximado, permitindo a identificação do conflito, o levantamento de informações capazes de dar subsídios no fim da melhor solução e, a medição da satisfação de seus clientes, a respeito do produto ou serviço oferecido, direcionando o empresário a tomar decisões que evitem que o conflito urja na jurisdição contenciosa estatal. Deste modo, a adequação das ferramentas e seu emprego razoável e eficiente, será objeto de estudo do quarto capítulo.

Ademais, para atestar no plano empírico, o que foi abordado no plano teórico, verificar-se-á no quinto e último capítulo, o modo que uma grande sociedade empresária, do setor financeiro, com alto índice de reclamações consumeristas (no bojo da relação com seus clientes), efetiva suas ferramentas (que aduzem o compromisso em demonstrar a preocupação aqui abordada) e, dispende seus esforços na criação de instrumentos que ensejam a prevenção e a mitigação de litígios.

Tão importante quanto o estudo de caso é a verificação de dados que apurem se a instituição entrevistada, por intermédio da aplicação de ferramentas preventivas, tem obtido resultados positivos, colocando-a em posição singular no comparativo realizado em relação às concorrentes do ramo financeiro, ponto ressaltado nas conclusões.

1. O CONFLITO

O convívio social é da natureza humana, ao passo que, em decorrência de sua vocação natural à sociabilidade torna-se natural que nas relações ocorram divergências de entendimento e de interesses.

Desta forma, para alcançar o ideal de justiça, não é possível concluir que todos os litigantes tenham razão, dado que a pretensão e a oposição dificilmente correspondam concomitantemente à justiça; ou uma é justa e a outra não, ou uma e outra são justas em parte.

Nesse toar, Carnelutti leciona que a injustiça perturba a ordem e a paz social, sendo o Processo Civil, importante meio que encontra a senda da justiça que compõe os litigantes (2002).

Com efeito, pode-se concluir que não há sociedade sem Direito. Do mesmo modo, não haveria Direito em uma ilha solitária. O Direito tem a função de coordenar os interesses da vida social, a fim de arranjar os conflitos que se verificam entre os sujeitos. O principal objetivo é harmonizar as relações sociais e perfazer os valores humanos com o mínimo de sacrifício e desgaste (CINTRA; DINAMARCO e GRINOVER, 2010).

Elisabeth Vicentina De Gennari, nas aulas da Cátedra de Processo Civil II (2018), da Faculdade de Direito de São Bernardo do Campo, afirma que o conflito nasce quando duas ou mais pessoas têm interesse sobre o bem da vida. Neste momento, ainda não há lide, o que existe é a pretensão de "A" e "B", por exemplo, sobre um objeto, mas ainda sem resistência sobre o bem.

O conflito é algo natural da sociedade. O problema não é a existência dos conflitos, mas a forma com que eles são trabalhados, pois isso determinará se sua resolução será construtiva ou destrutiva, como informa "the point is not how to eliminate or prevent conflict, but rather how to make it productive"[1] (DEUTSCH, 1973).

Em havendo o conflito, é possível que a pessoa que tem o interesse se conforme com a sua insatisfação, no entanto, é possível, também, que tome atitude para obter para si o objeto do conflito. Com isto, aquele que poderia entregar o bem da vida, caso se oponha, cria obstáculo e oferece resistência, dando forma à pretensão resistida (CARNELUTTI, 1936 *apud* CALMON FILHO, 2013).

Ocorre que se uma das partes renunciar ao seu direito sobre aquele bem, o conflito não mais persistirá, porque uma das partes cedeu o seu interesse. A pessoa satisfaz a pretensão e o conflito não é escalonado.

Diversas variáveis influem no curso do conflito, sendo necessária a cooperação e compromisso de todos, para que seu tratamento, não escalone à esfera judicial, se expandindo e se inclinando à formação do litígio. No conflito é necessário utilizar a sinergia, no processo de sua resolução, concentrando-se nas condições de suas variáveis, para que o resultado do conflito seja produtivo. Quanto mais se perpetuam os conflitos, mais distante se colocam os envolvidos da sua compreensão e de eventual conciliação (DEUTSCH, 1973).

Contudo, se uma das partes não ceder à pretensão existente extraprocessualmente, verificar-se-á uma pretensão resistida, momento qual insurge no nascimento da lide (ALVIM, 2019).

Marinoni e Arenhart (2012) descrevem que a insatisfação de um interesse decorrente da resistência de alguém, pode

---

1. Tradução livre: "A questão não é como eliminar ou prevenir conflitos, mas sim como torná-los mais produtivos".

gerar tensão aos contendores e, portanto, é de extrema importância a existência de regras jurídicas capazes de resgatar a harmonia na convivência social.

Conforme Cahali (2018), o conflito é algo inerente da existência humana, e é neste prisma que será analisada a funcionalidade dinâmica do conflito.

Em que pese Sandel (2014) teça considerações no âmbito moral acerca de como suprimir divergências na condução da vida pública, considera-se possível que suas dúvidas e questionamentos abordados na obra "Justiça – O que é fazer a coisa certa?", sejam úteis para levantar reflexões sobre o tema.

O mundo está introduzido em uma sociedade arraigada de noções egoísticas e é imperioso encontrar ferramentas que possibilitem o cultivo da virtude cívica, em busca de atingir e alcançar uma "sociedade boa" e, que este modo de viver seja promovido (SANDEL, 2014).

Avaliar os problemas de forma minuciosa, com a finalidade de garantir a supressão de divergências, ao invés de ignorá-las ou evitá-las, só é possível se houver a compreensão da existência das diversidades e o engajamento em prol da existência pacífica da sociedade.

Tereza Arruda Alvim (2000) entende que o processo judicial se forma, em decorrência de alguém que resiste à pretensão de outrem, pretensão esta gerada pelo conflito de interesses. No entanto, o conflito de interesses não reduzido à lide, é juridicamente irrelevante se não vier ao conhecimento do juiz.

Arenhart, Marinoni e Mitidiero (2017), recapitulam que no direito romano arcaico – da fundação de Roma, no século VIII a.C. até o século II a.C. (MARKY, 1995) – buscava-se o pretor quando havia um conflito, para que delimitasse o litígio, comprometendo-se as partes a cumprir a decisão do *judex* ou *arbiter* sobre aquela questão delimitada na *litiscontestatio*[2]. Neste prisma, a responsabilidade de cumprir o pactuado e zelar pelo cumprimento, era exclusivo das partes, não havendo um método executivo (um terceiro a quem pudessem recorrer em caso de descumprimento do acordado).

No entanto, com o fortalecimento do Estado, os litigantes passaram a submeter-se à jurisdição estatal, e o processo se torna um instrumento do Estado na aplicação do ordenamento jurídico.

Assim, o processo é o meio pelo qual o Estado cumpre sua função no que tange à aplicação da norma, do direito subjetivo, guiada por uma série de procedimentos, que passam a ser intrínsecos à existência do próprio processo, sendo a sequência de atos que desencadeará o andamento deste (ARENHART, MARINONI E MITIDIERO, 2017).

Por assim ser, é resguardado a todos, indistintamente, o direito e o livre acesso à uma ordem jurídica justa, na busca de uma decisão sobre a pretensão que coloque fim ao conflito existente (GRECO FILHO, 2013).

É manifesto que, é direito de todos o livre acesso à justiça, amparado e garantido na Constituição Federal, em seu artigo 5º, inciso XXXV[3], mas somente com a propositura da ação que o processo se iniciará, momento em que se apresenta ao juiz a demanda contenciosa – "ato pelo qual o autor coloca o juiz na posição de bem conduzir o processo e decidir de acordo com o Direito o conflito evidenciado em

---

2. Momento em que a demanda se estabiliza e são fixados os pontos controvertidos a serem objeto de instrução probatória.

3. "Todos são iguais perante a lei, sem distinção de qualquer natureza, **garantindo-se** aos brasileiros e aos estrangeiros residentes no País a inviolabilidade do direito à vida, à liberdade, à igualdade, à segurança e à propriedade, nos termos seguintes: **a lei não excluirá da apreciação do Poder Judiciário lesão ou ameaça a direito." (Negritamos).**

juízo pelo exercício da ação" (MARINONI, ARENHART e MITIDIERO, 2017) – iniciada por meio da petição inicial.

Luz e Sapio (2017), em artigo publicado na revista "Interfaces Científicas – Direito", examinam o direito de acesso à justiça em prol de entender como o Poder Judiciário garante a todos a possibilidade de ter sua demanda analisada, sem recusa, salvo por razão legal e justificável .

Entretanto, como expõe Caio César Ferreira de Macedo (CARDOSO, 2019), a garantia do acesso à justiça só se efetuará se houver a valorização da diversidade jurídica de resolução de conflitos, tendo em vista que a barreira da morosidade do Judiciário, em parte causada pelo grande volume de ações, impede que o interessado alcance seu direito.

O direito ao acesso à justiça não significa somente o acesso ao Judiciário, envolve uma série de instituições estatais e não estatais que devem ser consideradas, seja por mecanismos ou instituições que possam atuar na busca da solução pacífica e do reconhecimento de direitos (SADEK, 2014).

Lucato (2018), evidencia que a sociedade procura o Judiciário para satisfazer suas demandas, mas o sistema judiciário, não detém de condições suficientes para resolver todos os processos de forma responsável e célere, acarretando na morosidade das decisões judiciais.

A satisfação do demandante com a aplicação escorreita da justiça, no caso concreto, de modo a sanar o conflito de interesses e devolver a paz social, que é finalidade do Estado, (MARINONI e ARENHART, 2012) é um aritmética difícil de ser alcançada, visto que na atual conjuntura brasileira, a cultura do litígio é o que mais se experimenta.

Cappelletti e Garth (1988), engendram com otimismo a capacidade de nossos sistemas jurídicos modernos em "atender às necessidades daqueles que, por tanto tempo, não tiveram possibilidade de reivindicar seus direitos", contudo, ressalta a preocupação e o perigo de utilizar de procedimentos rápidos com menor remuneração, prestando um acesso à justiça de má qualidade.

Tecem este apontamento contemplando a simplificação do Direito na via judicial, citam inclusive alguns exemplos sobre os direitos dos consumidores e propostas de reparação automática em causas pequenas contra os comerciantes, dispensando até mesmo a produção de provas, caracterizando o chamado "enfoque do acesso à justiça" que subverte os fundamentos de um procedimento justo.

O cerne desta pesquisa não é somente retirar "a pressão do judiciário, no sentido de reduzir a sua carga" (CAPPELLETTI, 1994) – em que pese decorra e influa de certa forma (efeitos na utilização de meios preventivos ao conflito) – e colocar em risco a garantia de direitos constitucionais, mas prevenir o surgimento, a existência e ousa-se, a iminência de um litígio na via contenciosa.

Indica-se se mais inteligente e saudável identificar previamente as razões precursoras de conflitos e, por intermédio da identificação destas, criar meios eficazes que previnam o litígio, mas isso requer senso de comunidade.

"Justiça não é apenas a forma certa de distribuir as coisas. Ela também diz respeito à forma certa de avaliar as coisas", pondera Sandel (2014). Referida avaliação carece da compreensão da sociedade do sentimento de comunidade.

Ressalta-se que, como já abordado, o conflito é próprio da existência humana – sempre existirá – e justamente por assim ser, a necessidade de operacionalizar ferramentas e instrumentos capazes de identificá-lo e resolvê-lo na via administrativa. Frise-se que, mesmo não havendo a composição por estas ferramentas e instrumentos, é garantido pelo terço constitucional, ao prejudicado, o livre acesso à justiça, seja por meio de métodos de solução de conflitos ou, caso não seja o conflito desidratado, ofertado estará a jurisdição contenciosa estatal.

Ocorre que no conflito, a sensação de injustiça já nasceu. Segundo Sandel (2014), o ultraje "é o tipo específico de raiva que você sente quando acredita que [...] estão conseguindo algo que não merecem [...] raiva causada por injustiça". O ultraje é o que deve ser repelido e evitado. Com isso, o acesso à resolução do conflito de forma justa e eficaz deve ser observado primeiramente nos meios e canais que a atividade empresarial oferece aos seus clientes, de modo a mitigar o conflito e oferecer a satisfação da demanda.

A reflexão moral acerca do que é realmente justo é necessária – para compreensão e mitigação de conflitos – na finalidade de buscar a validade no âmbito coletivo e não somente individual (SANDEL, 2014).

Destarte, quando ocorre um conflito na experiência gerada entre empresário e cliente, este sempre medirá as perspectivas de solução do problema e a forma ou caminho que se terá de percorrer até alcançar seu objetivo.

A depender do tamanho do conflito, da demora de sua solução, ou do desgaste estimado pelo cliente, sobre o conflito – tendo como base as primeiras tentativas de solução –, este prefere descartar ou desfazer-se do produto/serviço e recomprá-lo ou realizar uma nova contratação, porquanto dê valor ao tempo que terá que dispor para sanar algo que em seu subjetivo considere não obter êxito na via administrativa (BERGSTEIN, 2019).

Deutsch (1973) destaca que dentre os principais fatores que influenciam a expansão do conflito está justamente nos custos e no tempo que os envolvidos estão dispostos a arcar com sua resolução. São fatores nocivos que podem extrapolar os limites do conflitos e gerar a demanda judicial.

Evidentemente por vezes haverá insatisfação por parte do cliente, seja em relação ao produto ou ao serviço prestado, assim sendo, torna-se imprescindível a existência de um serviço de comunicação, como o SAC (Serviço de Atendimento ao Consumidor), ensejando na abertura de um ambiente em que o cliente tenha mínimas condições de ser escutado e possa criticar, reclamar, solicitar reparação, sugerir novas formas de prestação de serviço e até elogiar (IASBECK, 2010).

O conflito, na relação cliente e empresário, deve ser compreendido como um risco a ser enfrentado, discutido e combatido, com os mesmos esforços e empenho no qual se debruça a atividade empresarial quando frente a riscos financeiros amplamente conhecidos.

Nessa entoada, necessário examinar o conjunto de riscos dos quais a atividade empresária está sujeita quando na iminência do litígio, o que poderá ser vislumbrado no próximo capítulo.

2. RISCOS DA ATIVIDADE EMPRESARIAL

2.1 Da atividade empresarial

Primeiramente faz-se imperioso compreender o significado da expressão atividade e de que forma e em qual sentido ela será utilizada neste trabalho.

No conceito de atividade destacam-se algumas características importantes, como o preceituado no artigo 966, do Código Civil, em que "Considera-se empresário quem exerce **profissionalmente atividade econômica organizada** para a produção ou a circulação de bens ou de serviços". (Negritamos).

É a **atividade** o que se define como empresa, no entanto, não é esta um sujeito de direitos e obrigações. A empresa é uma atividade desenvolvida pelo empresário – este sim, sujeito de direitos e obrigações (FAZZIO JÚNIOR, 2016).

É a atividade econômica que organiza os fatores de produção (capital, mão de obra, matéria prima e tecnologia), com o fim de produzir ou desenvolver a circulação de bens e serviços (TOMAZETTE, 2019).

Ainda, para se referir à empresa, pode-se fazer uso do termo "empreendimento", termo este que também será empregado neste trabalho, por ser considerado sinônimo de atividade (COELHO, 2018).

Imprescindível saber que **empresário** é a pessoa (física ou jurídica) que exerce profissionalmente a atividade econômica organizada, é o sujeito de direito que organiza os fatores de produção da empresa, "com o escopo de lucro e a assunção dos respectivos riscos" (FAZZIO JÚNIOR, 2016).

O empresário é retratado por diversas espécies. Gaggini (2013) divide a pessoa do empresário, como pessoa física, retratado pelo "Empresário Individual" e, como pessoa jurídica, exercente da "Sociedade Empresária" e da "Empresa Individual de Responsabilidade Limitada" (EIRELI) [4]–, a última, instituída pela Lei nº 12.441/2011. Como bem pontuado pelo doutrinador, o legislador inseriu o inciso VI, ao art. 44/CC, a fim de constar a EIRELI como nova espécie de pessoa jurídica, distinta da sociedade empresária. A adesão a esta espécie de empresário ainda era muito temerosa, em razão do valor mínimo necessário para integralização do capital social no ato de sua constituição.

Com o advindo da Lei nº.13.874/2019, da Declaração de Direitos de Liberdade Econômica – Lei da Liberdade Econômica –, buscou-se solução ao tema em questão, sendo incluída na legislação brasileira, a "Sociedade Limitada Unipessoal" – inserido ao art. 1052, §1º, do Código Civil.

A previsão deste novo instituto, visa além de excluir a necessidade de capital mínimo, permitir que uma única pessoa seja o titular da pessoa jurídica (sem necessidade da pluralidade de sócios) e, limitar o risco patrimonial de seu titular. Apesar de caber semelhança com a EIRELI, com ela não se confunde, em razão do demonstrado.

Para Coelho (2020), a Sociedade Limitada Unipessoal é uma modalidade do tipo societário, sociedade limitada, que pode se vislumbrar de forma unipessoal (por um único sócio) ou pluripessoal (por dois ou mais sócios), razão pelo qual, não seria uma espécie de empresário. Consubstanciado a este posicionamento está o motivo do legislador não a ter incluído no rol do art. 44/CC. Embora seja de salutar

---

4. Eireli. Pessoa jurídica constituída por uma única pessoa titular da totalidade do capital social devidamente integralizado e não inferior a atuais 100 (cem) salários mínimos (art. 980-A, do Código Civil).

importância discussão doutrinária, referido posicionamento e abordagem não integrará o estudo central deste trabalho.

No caso do Empresário Individual, é prático de se identificar quem assumirá a função de empresário, a pessoa física. No entanto, quando se trata da Sociedade Empresária – seja limitada ou anônima – ou da EIRELI, de forma diversa do que comumente se acredita, não são os sócios/titular que responderão pelos riscos da atividade, mas a pessoa jurídica.

Nesse sentido Coelho (2018) leciona:

> Ela [a pessoa jurídica da Eireli] é o **sujeito de direito que explora a atividade empresarial,** contrata, emite ou aceita títulos de crédito, é a parte legítima para requerer a recuperação judicial ou ter a falência requerida e decretada. (Destaque nosso).

Gerenciar os riscos não é somente importante, como também necessário, razão pela qual a gama de riscos a qual o empresário está exposto é enorme (GAGGINI, 2013), seja o risco operacional, o risco legal, o risco de reputação, o risco de fraude e corrupção (TCU, 2018), o que torna fundamental delimitar à atividade empresarial a que se destina este estudo.

2.1.1 Características da atividade empresarial

2.1.1.1 Do profissionalismo

Do conceito de atividade empresarial destaca-se uma característica muito relevante: o profissionalismo. Desta forma, extraímos o termo **profissionalismo** toda vez que o empresário atua de forma habitual, do contrário sensu, não envolve o que é exercido, por sua vez, de maneira ocasional ou esporádica (TOMAZETTE, 2019).

Para fins de delimitação do conceito, Gaggini (2013) disciplina quem é empresário:

> É considerado **empresário,** no Brasil, a pessoa (física ou jurídica) que **exerce profissionalmente e de forma organizada**, em seu nome e sob sua responsabilidade, uma atividade econômica, destinada à produção e circulação de bens ou a prestação de serviços, tendo por finalidade a obtenção de lucro. (Destaque nosso).

O profissionalismo possibilita ao empresário ter, conforme Coelho (2018), o "monopólio das informações" do serviço e do produto oferecido.

A título de exemplo, Coelho (2018), traz um ensinamento a respeito do papel do empresário:

> Como o empresário é um profissional, as informações sobre os bens ou serviços que oferece ao mercado - especialmente as que dizem respeito às suas condições de uso, qualidade, insumos empregados, defeitos de fabricação, riscos potenciais à saúde ou vida dos consumidores - costumam ser de seu inteiro conhecimento.

Portanto, a razão do profissionalismo está imbuída na ideia de que o empresário deve conhecer os aspectos do que é oferecido, cabendo a ele, agir com lealdade, apresentando de maneira ampla e verdadeira, essas informações.

2.1.1.2 Da atividade econômica

A atividade econômica é a destinação da exploração da atividade com o fim de obter lucro, mesmo que seu resultado tenha como objetivo tão só realizar a manutenção. Por isso, se exclui desta definição, as atividades desenvolvidas por associações ou fundações (TOMAZETTE, 2019).

Coelho (2018) destaca que o lucro deve ser o fim da atividade econômica e não somente um meio para se chegar a uma finalidade. Compreende-se ainda no conceito de atividade econômica, a produção de bens e serviços, ou seja, a fabricação de produtos e mercadorias, realizada pela indústria; e a circulação, que é a intermediação da prestação de serviços na cadeia de escoamento da mercadoria, intermediando o serviço ao consumidor final.

Portanto, nasce uma oportunidade no momento que o empresário identifica uma necessidade, uma utilidade ou um simples desejo, de um público, e decide por atender a esta demanda. Entretanto, necessário estruturar os fatores de produção, como será abordado a seguir.

2.1.1.3 Da organização da atividade empresária

Os ensinamentos de Coelho (2018) retratam que, ao empresário fica o encargo de estruturar reunir, gerir e definir: o **capital,** que são os recursos financeiros, próprios ou alheios; a **mão de obra humana** – evidenciando a necessidade de escolha dos colaboradores que auxiliarão na gestão dos meios de produção; a **matéria prima** que será empregada – o que inclui os materiais e insumos necessários ao funcionamento do empreendimento; e a **tecnologia** que será utilizada – viabilizando uma qualidade e preço de produto, bem ou serviço, que seja de tal modo competitivo ao mercado consumidor.

Um exemplo para melhor compreensão é a do comerciante que vende seus produtos de "porta em porta", entre seus vizinhos. Apesar do intuito de lucro, o comerciante não contrata mão de obra, com isso, não organiza a mão de obra.

As organizações que produzem bens e serviços são resultado das ações dos empresários, que têm a responsabilidade de administrar e gerir os elementos da atividade empresarial. Isto se aplica tanto para pequenos quanto para grandes empreendimentos, pois não é o tamanho, mas sim a gestão do todo que caracteriza a organização (TOMAZETTE, 2019).

Pelo aduzido e como dispõe o parágrafo único, do art. 966, do Código Civil[5], exclui-se da atividade empresarial, as atividades exercidas de forma pessoal por um indivíduo, em que a relação de confiança direta com seu cliente ou paciente, afasta a natureza empresarial, por estar envolto da característica de pessoalidade e pela não existência do elemento organização.

2.2 Dos riscos da atividade

Coelho (2018) destaca que ser empresário não é uma tarefa fácil, pois a empreitada sempre será um negócio sujeito a riscos, sejam eles internos ou externos.

Ainda que o empresário adote todas as precauções – como em atividades econômicas mais perigosas –, a própria existência de uma atividade é um risco, pois o público a quem se destina o produto, bem ou serviço, pode não se interessar pelo que é oferecido.

A atividade empresarial é essencialmente profissional e, associada a isso, a responsabilidade empresarial conjuga os esforços empenhados na obtenção do lucro com os riscos assumidos pelo empresário (MARTINS, 2017), sendo impossível desassociar a atividade e sua responsabilidade diante dos riscos existentes.

Gaggini (2013) conceitua como risco empresarial aquilo que "representa uma possibilidade de perda

5. "Não se considera empresário quem exerce profissão intelectual, de natureza científica, literária ou artística, ainda com o concurso de auxiliares ou colaboradores, salvo se o exercício da profissão constituir elemento de empresa."

ou responsabilização decorrente de eventos futuros indesejados que ocorrem independentemente à vontade dos envolvidos". Os riscos aparecem nas mais variadas facetas, como exemplifica:

> [...] risco de crédito (decorrente de descumprimento de obrigações pecuniárias pelos devedores), **o risco de mercado** (risco de oscilação adversa nos valores de ativos), risco cambial (decorrente de perdas oriundas de variações cambiais), risco de liquidez (dificuldade na transformação de ativos em dinheiro), risco de alteração nas taxas de juros, entre outros mais que possam impactar financeiramente a atividade. (Destaque nosso).

O risco fragiliza e obsta o desenvolvimento da atividade econômica. Como potenciais riscos externos e internos, Coelho (2018) classifica como risco externo, as crises políticas e econômicas; e, como riscos internos, os acidentes ocorridos no manuseio de produtos tóxicos ou perigosos.

É a pessoa do empresário, exercente da atividade empresarial, que se expõe ao risco da atividade, pois responde integralmente pelas consequências da atividade a ser executada (GAGGINI, 2013), é ele quem assumirá uma série de responsabilidades atinentes à própria operação do negócio, em relação ao seu cliente, à Fazenda Pública e até ao meio ambiente, como alude Martins (2017). Estas circunstâncias são riscos pelo qual o empresário deve assumir.

A expectativa de lucro sobre os recursos e investimentos designados ao fortalecimento de sua atividade empresarial, também é risco pelo qual o empresário está propenso, para que não sejam frustrados e os recursos dispendidos perdidos (COELHO, 2018).

Pondera-se no aspecto das consequências patrimoniais, a figura dos sócios/titular e do empresário. Apesar de muitas das vezes ser tratada como sinônimo, não o é, por serem pessoas distintas do ponto de vista legal.

Em sendo pessoa jurídica, será a sociedade a exercente da atividade econômica e não os sócios/titular – em que lhe é atribuída responsabilidade patrimonial subsidiária. Neste caso, é a pessoa jurídica que sofrerá as consequências do risco da atividade empresarial, juntamente com seu patrimônio, por ser a sociedade (ente jurídico), o empresário.

De modo que, a responsabilidade da sociedade – pessoa jurídica – sempre será ilimitada e isso independe do tipo societário, porém, a responsabilidade patrimonial subsidiária dos sócios, variará de acordo com o tipo societário e a categoria de sócio (GAGGINI, 2013).

Apesar de muito instigante o tema da responsabilidade patrimonial, não será este o escopo do presente estudo, visto ser tão somente necessário suscitar a boa compreensão no aspecto da delimitação de quem seja a pessoa do empresário sujeita à eventuais riscos que a atividade empresarial está sujeita.

Os riscos provenientes de ações judiciais, são concisamente abordados por Martins (2017), são riscos que os empresários terão que avaliar para contínua operação, pois independentemente do tipo de responsabilidade empresarial, deverão se cercar de medidas para a boa estabilidade da empresa e o cumprimento da obrigação do objeto judicial.

Interpretações sobre o texto legal e constrições judiciais decorrentes da execução de processos movidos no meio empresarial, acarretam não apenas inseguranças jurídicas relativas ao assunto, mas gravita na órbita de riscos que devem ser mensurados e calculados.

Bergstein (2019) esclarece que sobre todo investimento recai a mensuração dos possíveis lucros e dos riscos aderidos àquele investimento, sendo que, é o investimento em medidas e ferramentas de identificação de conflitos que possibilitará a prevenção do litígio, pois como configura Tomazzete (2019), a judicialização é dispendiosa, tanto para quem move quanto para o empresário que sofrerá com o risco da condenação.

Muito embora a vocação do empresário no funcionamento da atividade econômica ser uma qualidade fundamental para se trabalhar no meio empresarial, ela não é o bastante. É inverossímil alegar a inexistência do risco de insucesso de uma atividade empresarial, pois está na concepção de qualquer atividade, a margem do risco (COELHO, 2018). Conforme pontua Eisner (2011), o empresário deve se preocupar com um dos seus maiores patrimônios, o cliente, qual seja, a relação formada com este e os conflitos que a permeiam, ao que será analisado no próximo capítulo.

3. CONFLITO NA RELAÇÃO EMPRESÁRIO E CLIENTE

Os conflitos na relação entre empresário, o exercente da atividade empresarial, e seu cliente, surgem por diversas questões, dentre elas: conflitos na comunicação – de uma informação incompleta ou duvidosa; na estrutura – motivada por concorrências, ou pela falta de planejamento; ou de pessoal – decorrente de valores sociais e culturais.

Todavia, o que mais destaca-se como problema nessa relação é a comunicação. É pela comunicação que a identificação dos conflitos existentes e sua escala potencial de litígio torna-se possível (LUCATO, 2018).

A comunicação é um processo com início, desenvolvimento e fim, mas não se extingue como processo, pois fica abastecida e é sempre reabastecida com respostas, retornos, *feedbacks* dos clientes e reações das experiências sentidas por estes, como bem coloca Iasbeck (2010).

Deutsch (1973) afirma que é por meio de uma comunicação aberta, honesta, livre de distorções, que o interesse das partes de buscar soluções é legitimado, atenuando diferenças, aumentando a sensibilidade dos interesses comuns e estimulando a convergência de valores, na cooperação por uma resolução frutífera.

No surgimento do conflito, no âmbito das relações jurídicas de consumo, o cliente, que é consumidor, agente vulnerável, sempre considerará o tempo que terá para resolver aquele conflito (BERGSTEIN, 2019). Por isso, é necessário funcionários preparados que representem o empresário e que tenham uma noção macro do negócio, como forma de entender o conflito existente e buscar esforços para atenuá-lo em tempo.

O caminho para desconstruir o potencial litígio e enfraquecer a crise estabelecida pelas questões aqui expostas é a **gestão do conflito**.

De sorte que, conforme preceitua Lucato (2018):

> [...] Empresas preocupadas com seu desenvolvimento e com eventuais litígios começam a investir em **treinamentos aos funcionários.** Preparar o funcionário para a melhor comunicação entre os colegas, clientes e empresa. O incentivo ao treinamento traz um resultado positivo para todos [...] Um gestor deve traçar o diálogo com os seus funcionários, e estes respectivamente com seus gestores. Os sócios com seus administradores, quotistas e acionistas. As empresas com outras empresas, com a sociedade, com seus clientes. Enfim, existem caminhos para estabelecer essa comunicação eficiente. (Destaque nosso).

Preparar os funcionários é algo fundamental e isso parte da liderança, de forma escalonada, em uma espécie de "efeito cascata", a iniciar pela direção da área, do departamento, da empresa, estabelecendo a comunicação almejada.

Para tal o diálogo deve ser aberto aos funcionários que, de forma sincronizada, irão trabalhar no mesmo sentido e direção em que a liderança da empresa traçou como objetivo. Outrossim, importante que todas as esferas da organização tenham este entendimento (dos sócios com seus administradores, quotistas e acionistas, empresas com outras empresas, atuando todos com reciprocidade).

Reichheld, no artigo *"The Dubious Argument Against NPS"* (O argumento duvidoso contra o NPS), afirma que os funcionários e suas organizações prosperarão quando tratarem os clientes da maneira certa. **"Amar o próximo**

como a ti mesmo é uma ideia poderosa" e que deve estar no centro das grandes e pequenas organizações.

Segundo Eisner (2011), preparar os integrantes de sua equipe é fundamental, começando pela apresentação e divulgação, para toda a organização, dos padrões que serão obedecidos e a linguagem que será adotada com os clientes.

O **cliente** representa o conjunto de pessoas, que de forma permanente, consomem produtos e utilizam serviços fornecidos pelo empresário, o que pressupõe uma ideia de lealdade.

O desafio de todo negócio está em tornar o consumidor esporádico do produto e utilizador dos serviços, não habitual, um cliente fidedigno e satisfeito. É este "enigma do atendimento", que é uma matéria em constante movimento, que precisa ser desvendado (EISNER, 2011).

No artigo *"The One Number You Need to Grow"* (O único número que você precisa para crescer), Reichheld (2003) descreve suas percepções e evidências de suas primeiras pesquisas sobre o tema, no qual, identificou que os empresários que se concentram somente em alcançar novos clientes falham, pois, mais do que conseguir o cliente, é necessário convertê-lo em um agente promotor de sua empresa. Um fator relevante é a facilidade e disponibilidade, ofertada pela empresa, de seus canais de comunicação, possibilitando ao cliente a manutenção de sua relação com o empresário.

Uma situação fática observada entre as empresas participantes destas pesquisas, ocorria quando o consumidor não encontrava o número de telefone para entrar em contato com o atendimento da empresa, item que colocava fim à relação com o potencial cliente da empresa.

Assim sendo, não basta oferecer boas promoções, investir em publicidade ou em novos produtos, é essencial cuidar tanto dos antigos, como dos novos clientes.

De outro modo, o conjunto de **detratores** – aqueles que não recomendariam o seu negócio para conhecidos – será muito maior, atraindo as taxas de deserções dos clientes conquistados (REICHHELD, 2003).

Caso concreto é o da AOL – *America Online (*provedor de internet em funcionamento nos Estados Unidos da América), sociedade empresária que investiu na captação de clientes, no auge dos serviços *online*, por volta dos anos 90, mas que não empregou esforços suficientes na melhoria e qualidade dos serviços.

Reichheld, analisou que no ano de 2002 a taxa de deserções mensais de clientes da AOL excedia o total de 200 mil. Mesmo após a constatação e investindo na publicidade, não foi possível conter a queda de 40% do faturamento, entre os anos de 2001 e 2003, razão pela qual em 2002 identificou que 42% dos clientes eram consumidores rotativos, enquanto somente 32% eram clientes assíduos e que indicavam a marca, os demais, na pesquisa, eram indiferentes.

O empresário que se debruça diante das convicções do consumidor e em resolver os conflitos que surgem na venda ou na prestação de serviço, por exemplo, quando motivado pelo defeito de uma mercadoria, demonstra estar dedicado e comprometido com uma política de engajamento que envolve todos os sujeitos da relação tratada neste capítulo.

Afirma Sandel (2014) que:

> Em vez de evitar as convicções [...] deveríamos nos dedicar a elas mais diretamente - às vezes desafiando-as e contestando-as, às vezes ouvindo-as e aprendendo com elas. [...] Uma política de engajamento moral não é apenas um ideal mais inspirador do que uma política de esquiva do debate. Ela é também uma base mais promissora para uma sociedade justa.

Eisner (2011), descreve em *"Be our guest: perfecting the art of customer service" (Seja nosso convidado: aperfeiçoando a arte de servir o cliente),* que Walter Elias Disney – fundador do atual Estúdio Disney – tinha consigo um lema: "Na minha organização respeitamos cada indivíduo e todos temos um enorme respeito pelo público", o cliente era seu alvo!

É necessário que o empresário ofereça a melhor experiência ao cliente, pois reduções de preços maciças e outros incentivos, são somente atrativos, mas não constroem um relacionamento com o cliente.

De modo a fomentar este espírito solidário, de uma sociedade justa, o Estado precisa estimular a utilização de métodos e técnicas preventivas de solução de conflitos, bem como de ferramentas e mecanismos preventivos do conflito, no âmbito interno das empresas, como veremos a seguir.

3.1 Da mudança da cultura da judicialização

Mister a todo empresário realizar uma "análise contemporânea de como superar as divergências da maneira mais apropriada" (CAHALI, 2018) ao seu negócio, ideia esta que deve o empresário compartilhar e multiplicar com sua organização.

Desde a nova ordem democrática, a partir da Constituição Federal de 1988, houve a valorização dos direitos fundamentais do cidadão. Acompanhado a isso, surgiu grande incentivo às tutelas e prestações jurisdicionais, no âmbito estatal, em busca de atender os anseios da sociedade e proteger referidos direitos.

Em paralelo a esse incentivo, é gerado também a **"cultura do litígio"**, que traz a falsa ideia de que "litigar é melhor". Porém, percebe-se cada vez mais que dada a grande quantidade de demandas no Poder Judiciário, com efeito, a morosidade tende ao estrangulamento dos direitos fundamentais, nas palavras de Luz e Sapio (2017).

Diante do descrito, necessário se faz repensar e sedimentar a ideia da busca pela pacificação social, não única e exclusivamente pela via tradicional – contenciosa estatal –, mas por outros meios de prevenção ao conflito.

O conflito, como visto, sempre existirá, todavia, quando se busca trabalhar de maneira assertiva impede-se que seja judicializado. Empreender esforços para mapear a origem dos conflitos que permeiam o relacionamento gerado entre o cliente e a atividade empresarial é essencial.

Nesse diapasão, Mancuso (2015) afirma a necessidade de se criar outras formas de resolução de demandas, devendo o Judiciário:

> [...] resguardar-se num plano subsidiário ou residual, sem nenhum demérito ou *capitis diminutio*, mas, muito ao contrário, como condição *sine qua non* para que a função judicial do Estado – hoje sobrecarregada e desgastada, por conta de uma acepção ufanista e irrealista de acesso à Justiça – possa resgatar sua eficiência, e, com isso, sua credibilidade.

Segundo denota, a via judicial não deve ser o único remédio para qualquer tipo de interesse resistido, muito menos, protagonizar a cena jurídica, devendo operar de maneira substitutiva e residual (MANCUSO, 2015).

Dentre as possibilidades existentes e estimuladas pelo Código de Processo Civil de 2015, existem os "meios alternativos" de solução de conflitos, no qual denomina Cappelletti, em "Os métodos alternativos de solução de conflitos no quadro universal de acesso à justiça" (1994), mais adequada a expressão "meios de solução de conflitos", haja vista que o termo "alternatividade" traz uma ideia negativa, que desvirtua a natureza dos meios de solução de conflito de interesses em razão de todos os meios serem de mesma eficácia. O que se busca são novas e diferentes formas de solução de conflito de interesses, com técnicas de apoio que perfazem a autocomposição.

Em que pese ser de grande valia o aprofundamento do estudo dos meios de solução de conflitos, não é este o objeto deste livro, visto que operam-se quando o litígio já se instalou, sendo pois, foco deste projeto, a identificação de ferramentas – demonstradas no plano empírico, em estudo de campo – que possibilitem a prevenção do litígio e do próprio conflito.

Segundo Lucato (2018), garantir simultaneamente o livre acesso à justiça, a mudança da cultura de judicialização dos conflitos e a criação de uma cultura que vise prevenir litígios, é um paradigma a ser vencido e estimulado pela comunidade e pelo próprio Estado.

É função do Direito realizar a democracia e manter a paz social, materializando a dignidade e a satisfação ao elemento humano, no que concerne aos seus conflitos, sendo o meio pelo qual o Estado exerce o controle social (CARDOSO, 2019).

Atendo-se ao papel do Estado, destacam-se os estímulos à mudança da cultura da judicialização que serão explorados a seguir.

3.2 Dos estímulos à mudança da cultura da judicialização

Adverte Marinoni (2012) que o conflito deve ser eliminado e que o Direito deve se preocupar com a aptidão de ferramentas que proporcionem a efetiva solução dos conflitos. O Direito, não tem somente a finalidade de resolver conflitos, mas de evitar que ocorram, estimulando ferramentas que concretizem a prevenção no plano fático – nesse sentido aduz Greco Filho (2013):

> O direito, não existe somente para resolver os conflitos de pessoas ou entre pessoas, mas também para evitar que ocorram, prevenindo-os [...] não depende do conflito entre as pessoas, mas exatamente existe para evitá-los. [...] O direito tem por fim a realização da justiça, que, ademais, o justifica.

Com essa finalidade, Estados da Federação buscam parcerias com diversas empresas a fim de diminuir o número de processos e pôr fim a conflitos instaurados na relação do "empresário-cliente".

Em 2015, o Tribunal de Justiça do Estado de São Paulo criou o programa "Empresa Amiga da Justiça", que busca incentivar o uso de métodos autocompositivos de solução de conflitos (mediação e conciliação), entre empresas e consumidores de seus produtos e serviços, fomentando a pacificação social.

Instituído e regulamentado pelas Portarias n.º 9.126/2015[6], n.º 9.213/2015[7] e n.º 9.447/2017[8], anuncia a última Portaria em seu artigo 3º:

---

6. TRIBUNAL DE JUSTIÇA DO ESTADO DE SÃO PAULO, Presidência do. Dispõe sobre a Instituição do programa "Empresa Amiga da Justiça", política pública judiciária orientada ao enfrentamento conjunto da litigiosidade no Tribunal de Justiça do Estado de São Paulo (TJSP). Portaria nº 9.126/2015, Diário da Justiça Eletrônico, de 25/02/2015, p. 3.
7. TRIBUNAL DE JUSTIÇA DO ESTADO DE SÃO PAULO, Presidência do. Dispõe sobre a revogação dos artigos 2º ao 7º da Portaria 9.126/2015 e da regulamentação do Programa "Empresa Amiga da Justiça", (rnn). Portaria 9.213/2015, Diário da Justiça Eletrônico, de 04/12/2015, p.1.
8. TRIBUNAL DE JUSTIÇA DO ESTADO DE SÃO PAULO, Presidência do. Dispõe sobre a regulamentação do Programa Empresa Amiga da Justiça e Parceiro Institucional do Programa Empresa Amiga da Justiça, (rnn). Portaria 9.447/2017, Diário da Justiça Eletrônico, de 11/09/2017, p.1. Republicação: DJE de 12.09.17, p.1.

> Art.3º. Consideram-se "Empresas Amigas da Justiça" as Empresas ou Grupos de Empresas que demonstrem, através da **adesão ao programa,** o comprometimento com políticas institucionais que visem à melhoria da comunicação com seus clientes.
>
> As melhorias poderão ocorrer por meio da utilização de métodos autocompositivos como **ferramenta principal da gestão dos conflitos surgidos nas relações consumeristas,** além da implantação e desenvolvimento de vários **canais para atendimento preventivo de divergências**, participação em plataformas e programas que privilegiem a **solução administrativa** das questões, além de outras medidas que visem evitar a excessiva judicialização. (Destaque nosso).

Para participar do programa, o empresário, exercente da atividade empresarial, grupo ou parceiro institucional deve aderir ao Termo de Compromisso Público, de forma voluntária, concordando com os termos de melhorar o atendimento a seus clientes.

O escopo do programa não é somente reduzir o número de demandas judiciais, mas também atuar com soluções, na via administrativa, prevenindo os litígios judiciais e evitando que o conflito provoque uma ação judicial.

Semestralmente, o empresário deve fornecer relatório que aponte a quantidade de acordos realizados, instruída com relatório de todos os processos judiciais e extrajudiciais.

A partir das informações transmitidas, o Tribunal monitora e verifica os dados encaminhados pelo empresário e os dados existentes no Tribunal, confrontando assim com as metas previamente estipuladas a fim de revisar o cumprimento destas.

Atualmente, são mais de quarenta e um parceiros cadastrados no programa – trinta e quatro empresas e sete parceiros institucionais, como a FEBRABAN (Federação Brasileira de Bancos).

Por meio de dados oficiais de 2017, apurados diretamente no Tribunal de Justiça do Estado de São Paulo, em contato realizado com o NUPEMEC – Núcleo Permanente de Métodos Consensuais de Solução de Conflitos –, todas as Instituições Financeiras cadastradas ultrapassaram as metas estabelecidas para firmar acordos judiciais e extrajudiciais, (o que inclui os firmados no CEJUSC – Centro Judiciário de Solução de Conflitos e Cidadania) permanecendo no cumprimento das metas e das metodologias inicialmente pactuadas, quando ingressaram no programa.

A adesão ao programa permite ao empresário receber um selo estilizado emitido e enviado pelo Tribunal de Justiça de São Paulo para utilização em campanhas institucionais.

A ideia do programa é que todos saem vitoriosos: o empresário, por diminuir o contingente de conflitos e ganhar credibilidade; o cliente, satisfeito com a resolução eficiente da demanda; e, o Poder Judiciário com a diminuição de causas a julgar.

Embora não seja o enfoque do presente trabalho, o tema é de grande utilidade, razão pela qual, o Poder Público necessita realizar maiores estímulos, em detrimento da cultura da judicialização dos conflitos, inclusive a estimular ferramentas internas de fácil identificação de riscos que previnam os conflitos da relação objeto deste estudo.

Mas quais seriam as ferramentas capazes de identificar o conflito? É o que veremos no próximo capítulo.

4. DAS FERRAMENTAS DE SE IDENTIFICAR O CONFLITO

4.1 Ferramenta de levantamento de informações

Toda e qualquer atividade empresarial precisa manter uma relação saudável com seu cliente, relação essa construída com muito custo e ao longo de muito tempo.

Nesta concepção, como bem ponderado por Lucato (2018), grande parte dos conflitos existentes na atividade empresarial vêm da comunicação ou de sua ausência, sendo por meio dela que as relações nascem e se conservam.

Não basta oferecer promoções extremamente atraentes, essa ação persuade os clientes céticos a terem uma experiência com a atividade empresarial, mas é necessário convertê-la em um relacionamento vindouro.

Cabe lembrar que o maior instrumento de comunicação e de divulgação, em geral, não vem de uma ação comercial ou de uma publicidade (muito embora tenha sua relevância), mas é substancial a importância da transmissão de informação com origem na interação entre consumidores, que compartilham suas experiências acerca de um serviço ou produto, definição sintetizada na expressão "boca a boca", conforme Dicionário Priberam (2019).

O elemento prejudicial que a comunicação pode causar por meio do arrazoado "boca a boca", pode ser devastador, mas também positivo, ponto que a atividade empresária deve focar (REICHHELD, 2003).

Assim, convenciona o pesquisador:

> Countering a damaged reputation requires a company to create tremendously appealing incentives that will persuade skeptical customers to give a product or service a try, and the incentives drive up already significant customer acquisition costs.[9]

De precípua importância, o primeiro momento em que o cliente entra em contato com a empresa e é atendido pelo empresário ou seu representante, ocorrência esta conhecida como **"momento verdade",** assim conceituado por Las Casas (2008).

O "momento verdade" é o instante em que ocorre o contato entre cliente e empresa, por meio do empresário ou de seu representante (LAS CASAS, 2008), nisto poderá, através de suas impressões, expor o seu conceito sobre a experiência obtida, bem como, a satisfação de seu atendimento. É neste momento que devem ser utilizadas ferramentas que anotem o nível do relacionamento com o cliente. No entanto, não basta existir, é necessário que a ferramenta seja de qualidade.

Eisner (2011) ressalta a importância da qualidade desse atendimento, dado que a organização deve focar em satisfazer o cliente, prezando pela reputação do atendimento de qualidade.

Neste aspecto, pontua o autor, que quando se soluciona o problema de um cliente, ainda na via administrativa da própria empresa, conquista-se muito mais do que sua satisfação – que é o alvo – mas também sua gratidão.

---

9. Tradução livre: "O combate a uma reputação prejudicada exige que a companhia crie incentivos tremendamente atraentes que persuadirão os clientes céticos a experimentarem um produto ou serviço, e os incentivos aumentam custos significativos de captação de clientes.".

A gratidão é o que dá condições para que o cliente retorne a fazer negócio (*lato sensu*) com a empresa que prestou um atendimento de qualidade e solucionou o conflito que existiu. Porém, a gratidão só surge se a empresa vai além e ultrapassa as expectativas do cliente e, este entendimento, vai na contramão de uma sociedade que tem a aparente, mas enganosa percepção de que somente na via jurisdicional contenciosa estatal é possível adquirir o bem da vida.

O empresário precisa entender o que espera o cliente e combinar esforços de modo a atender suas expectativas, e por que não as superar?!

Eisner (2011) relata alguns meios utilizados por Walt Disney, com o fim de compreender os clientes, coletar informações e identificar os problemas e conflitos que preconizam à via litigiosa.

Existem diversas **ferramentas de levantamentos de informações** que o empresário pode se utilizar. Dentre elas, mencionamos: **1)** Levantamento de **chamadas telefônicas** e contatos **por e-mails** dos clientes mais recentes, a partir de uma amostra aleatória; **2) "Grupos de Foco"**, criados com a finalidade de coletar informações, desenvolver e discutir melhorias para o futuro; **3)** Implantação de **clientes ocultos** para conferir o atendimento nas áreas do negócio; **4) "Pontos de Escuta"**, locais dedicados aos clientes para que respondam perguntas relacionadas aos problemas do empreendimento.

Para implantação das ferramentas mencionadas, requer-se um engajamento por parte do empresário, a fim de se enfrentar os problemas e conflitos que lhe sobrevierem, proporcionando uma base sólida de respeito e comprometimento mútuo (SANDEL, 2014) entre toda comunidade envolvida (clientes e funcionários).

Nesta ideia Eisner (2011) ressalta a necessidade de utilização dos resultados das ferramentas de levantamentos de informações:

> [...] não faz sentido investir nenhum centavo [...] se as descobertas ficarem na gaveta. O conhecimento desenvolvido por meio das informações coletadas dos convidados [clientes] **deve ser usado para criar e melhorar** todos os elementos do **ciclo de atendimento de qualidade.** (Destaque nosso).

Levantar informações não basta, é necessário que surtam efeitos genuínos e fáticos dentro da organização. A título exemplificativo, a mudança pode ocorrer: na forma de tratamento que o cliente recebe ao realizar um contato com a empresa; na forma de cobrança de algum pagamento, (realizado pelo empresário ou seu funcionário), para com o cliente; na forma que o funcionário da empresa recepciona a reclamação do cliente; e até nos *feedbacks* que os clientes dão aos funcionários sobre a experiência gerada; todos são exemplos de cultivo da excelência de um atendimento de qualidade e serão os detalhes que conservarão a relação entre empresário e cliente.

Hodiernamente, o cliente utiliza das mídias sociais para fazer propaganda do relacionamento gerado com a empresa e, sobre o uso do produto ou serviço, informando a dezenas, centenas e até milhares de pessoas aleatórias, a experiência originada desta relação. Os comentários indicarão se este consumidor comprará novamente, o que é perceptível, no momento em que ele investe tempo, fornecendo *feedbacks* bem construídos e detalhados.

Isso só ocorre de maneira satisfatória, se o cliente percebe que os comentários desenvolvem novas práticas dentro da empresa, por isso o investimento no levantamento de informações torna-se tão valioso, pois permite ao empresário ter margem de previsibilidade do comportamento do cliente, quando sua lealdade é conquistada de forma justa (REICHHELD e MARKEY, 2018).

Concomitantemente, são importantes os apontamentos e percepções das áreas/departamentos internos da atividade empresarial, bem como, o uso de ferramentas e instrumentos de levantamento de informações, pelos **"Canais de Atendimento"** disponibilizados ao consumidor (o **Serviço de Atendimento ao Consumidor – SAC**) e até pelas **"Ouvidorias Privadas"** instituídas dentro da organização.

Importa esclarecer que a **Ouvidoria**[10] é um serviço prestado aos clientes e cidadãos, mediante o qual é possível apresentar reclamações, críticas e elogios, sendo seu principal objetivo curar vínculos estremecidos no relacionamento entre cliente e organização (IASBECK, 2010).

O "Manual de Boas Práticas Ouvidorias Brasil", desenvolvido em parceria com a ABRAREC (Associação

---

10. A Ouvidoria adveio do profissional ombudsman (termo sueco que significa representante) que tinha a função de supervisionar os serviços dos funcionários do governo. Posteriormente, sua função foi relativizada para que este profissional defendesse o cidadão contra excessos da burocracia do Estado (PEIXOTO, MARSIGLIA e MORRONE, 2013).
Nos anos oitenta, o clima para a criação de instrumentos de participação popular, começou a ser fomentado e repercutido no processo constituinte brasileiro (LYRA, 2009), começava-se a discutir o atual modelo de ouvidoria.
Surgia no ano de 1985 a primeira Ouvidora Privada e em 1986 a primeira "Ouvidoria Pública" (Ouvidoria Municipal de Curitiba). A partir deste movimento, diversos Estados foram entendendo sua funcionalidade e instituindo, em seus entes federativos, o modelo vigente (PEIXOTO, MARSIGLIA e MORRONE, 2013).
Decerto que, denuncia Lyra (2009), as ouvidorias privadas intervêm na relação entre o empresário e o cliente, mas grande parte delas têm caraterística clientelistas, no sentido de troca de favores, pois, segundo ele, as Ouvidorias Privadas apoiam o cliente até certo ponto, cessando esse apoio no momento em que ocorre a interferência na potencialização dos lucros da atividade empresária.
Por sua vez, as Ouvidorias Públicas contribuem com a democracia, na medida que sua ação enfraquece o corporativismo, buscando a consciência cidadã e dispondo de caráter universalista – destinado a todos os indivíduos de forma semelhante.

Brasileira das Relações Empresa Cliente) e a ABO (Associação Brasileira de Ouvidores/Ombudsman), menciona ser dever da Ouvidoria atuar como segunda instância administrativa do atendimento das manifestações do cliente à atividade empresarial, sendo a última alternativa na via administrativa. Ficando pendente a solução do conflito, deve-se acionar a ouvidoria, relatando o histórico através do número fornecido pelo SAC (entende-se, o número do protocolo). Audaz seria não tratar com afinco sobre a eficácia das ouvidorias.

Ocorre que, é no "momento verdade", que se permite à organização atuar de forma assertiva sobre a demanda. O SAC, deve viabilizar a comunicação entre as diversas áreas e departamentos do empreendimento com o fim de identificar, de forma célere, a origem do conflito e, saná-lo no primeiro contato ou, em não sendo possível, minimizando a possibilidade de futuros conflitos.

O ponto focal, na presente pesquisa, é o levantamento de informações que o empresário, dentro de sua relação com o cliente, toma conhecimento do conflito – no "momento verdade", denominado por Las Casas (2008) – por meio do SAC. Consequentemente, não está no bojo da presente pesquisa o estudo das ouvidorias – em que já se tem a reincidência da insatisfação do cliente e o conhecimento por parte do empresário, sendo, portanto, objeto proposto a futuros estudos.

Certo é que, o Código de Defesa do Consumidor reconhece a vulnerabilidade do consumidor, conforme artigo 4º[11], inciso I, da Lei 8.078/1990. O Decreto n.º 6.523 foi promulgado em 21 de Julho de 2008, para regulamentar

11. "A Política Nacional das Relações de Consumo tem por objetivo [...] a harmonia das relações de consumo, atendidos os seguintes princípios: I - reconhecimento da vulnerabilidade do consumidor no mercado de consumo."

o serviço de atendimento ao consumidor, que deve ocorrer baseado nos princípios da boa-fé, da eficiência, da celeridade e da cordialidade (conforme artigo 8º, do mesmo Decreto) e que se resume em importante e acessível canal de demandas do cliente para acesso de informações, solução de dúvidas, cancelamento e suspensão de serviços contratados.

Ainda, o Decreto preceitua que o SAC deve ser útil para o levantamento de reclamações que posteriormente poderão auxiliar o empresário na melhoria de seus serviços, sendo importante componente na identificação de conflitos que preconizam à via judicial e não somente para fornecer ao cidadão uma posição de igualdade diante dos agentes econômicos, visto o nefasto desequilíbrio existente na relação de consumo, entre empresa e consumidor (MIRAGEM, 2018).

Priorizar a solução do problema do cliente na primeira ligação, é o que prenuncia Arthur Rollo (2017), Secretário Nacional do Consumidor na Secretaria Nacional de Defesa do Consumidor (SENACON).[12]

---

12. MINISTÉRIO DA JUSTIÇA E SEGURANÇA PÚBLICOS, Governo Federal. Mudanças no atendimento do SAC vão priorizar solução ao consumidor na primeira ligação. Brasília, 2019. Disponível em: https://www.justica.gov.br/news/mudancas-no-atendimento-do-sac-vao-priorizar-solucao-ao-consumidor-na-primeira-ligacao. Acesso em: 19/07/2019, às 20h.
Em entrevista publicada no portal do Ministério da Justiça e Segurança Pública, o secretário declarara que "de nada adianta atender [...], se o problema do consumidor não é resolvido na primeira ligação e ele precisa ligar outras vezes para ter o problema solucionado". Rollo admitiu a importância da existência de uma plataforma de fácil acesso e que possibilite a resolução do conflito de forma rápida e efetiva, sendo esta a proposta do sítio eletrônico: "consumidor.gov.br".
Ressalta o secretário que o consumidor está mais consciente de seus direitos, mas que ainda há empresários que se aproveitam da fraqueza dos consumidores. Defendeu, por isto, a ampliação dos PROCONS, por vias de dar o necessário acesso à justiça ao consumidor insatisfeito.

A plataforma **"consumidor.gov.br"** é serviço público monitorado pela SENACON e pelo Ministério da Justiça que permite a interlocução direta entre o consumidor e as empresas, com o intermédio de diversos órgãos prestados à defesa do consumidor, como o Ministério Público, Defensorias e Tribunais de Justiça de todo o Brasil.

A referida ferramenta é um meio utilizado nas relações de consumo com o fim de sanar o conflito exclusivamente via internet. Atualmente a plataforma contém registro de mais de 1,72 milhão de reclamações (consulta em Novembro de 2019) e mais de 490 empresas participantes, que foram cadastradas por seus empresários (importante salientar que, este meio, não substitui o acesso ao PROCON que o consumidor também pode se beneficiar).

A criação de legislação em defesa do consumidor, tratou de dar incentivo ao fomento de ferramentas eficientes que contribuem para o controle de qualidade dos serviços, os chamados "departamentos ou serviços de atendimento aos consumidores", no atendimento de reclamações e no recebimento de sugestões de melhorias, de modo a beneficiar ambas as partes desta relação.

Garantir não apenas que o serviço de atendimento exista, mas que seja de qualidade e eficiente, conforme preceitua o Decreto nº 6.523, em seu artigo 17, *caput* e parágrafos, *in verbis*:

> Art. 17. As informações solicitadas pelo consumidor serão prestadas imediatamente e suas reclamações, **resolvidas no prazo máximo de cinco dias úteis** a contar do registro.
>
> §1º_O **consumidor será informado sobre a resolução** de sua demanda e, sempre que solicitar, ser-lhe-á enviada a comprovação pertinente por correspondência ou por meio eletrônico, a seu critério.

> §2º_A resposta do fornecedor será **clara e objetiva** e deverá abordar todos os pontos da demanda do consumidor. (Destaque nosso)

O objetivo é prover celeridade na resposta, uma das razões que enseja como obstáculo da garantia ao acesso à justiça – assim compreendido por Cappelletti e Garth (1988) – pois acionar o Judiciário torna a solução morosa.

Em contrapartida, o atendimento ao cliente, por meio do SAC, evidencia meio de prevenção do litígio, se no "momento verdade" houver a análise do problema que ensejou o conflito e esta for de razoável duração, de modo a satisfazer o cliente. Nisto, é restabelecida a paz social e pacificada a relação com o cliente.

Foi observando a vulnerabilidade do consumidor que a regulação do Serviço de Atendimento ao Consumidor determinou a garantia de acompanhar suas demandas (ocorridas e geradas neste relacionamento), sendo obrigatória a manutenção e disponibilização do acesso ao conteúdo do atendimento pelo prazo mínimo de noventa dias; salvo, quando o acesso dessas informações for requerido por órgão ou entidade fiscalizadora, em que se deverá manter disponível por um período de dois anos após a solução da demanda.

Destaca-se que o Decreto nº 6.523, no parágrafo único, de seu artigo 2º, exclui desta regulação a oferta e a contratação de produtos e serviços, não sendo abarcado, portanto.

Não se pode olvidar que, embora de grande ensejo à discussão do tema, referente a oferta de produto ou serviço – em busca de criar um relacionamento entre o consumidor e a atividade empresarial – não está no bojo deste trabalho, cabendo a presente pesquisa dissecar os meios e ferramentas que impactam e subsidiam a identificação de conflitos que engendra o nascimento de lides, prevenindo o litígio na relação já estabelecida entre o empresário e o cliente.

4.2 Da ferramenta de medição da satisfação do cliente: *Net Promoter Score*

A necessidade de entregar informações relevantes e de simples e fácil aplicação para as atividades empresariais, utilizando uma metodologia de pesquisa de satisfação do público que forneça exatidão nas informações é demonstrada pela ferramenta, criada por Fred Reichheld, denominada ***Net Promoter Score* (NPS)**.

O NPS é uma ferramenta para a execução de pesquisas de lealdade e satisfação de clientes que visa mensurar o "Grau de Lealdade dos Consumidores" para qualquer tipo de negócio (grande ou pequeno). A inovação é compilada em *The ultimate question 2.0* (A pergunta definitiva 2.0).

Referida expressão – **"pergunta definitiva"** –, que intitula o referido livro, é a questão que avaliará o grau de recomendação que o cliente oferecerá baseado no na experiência havida com a atividade empresarial.

Em primeiro lugar, os entrevistados da pesquisa são questionados a fim de avaliar a probabilidade de se recomendar a empresa a alguém (KEININGHAM, COOIL, ANDREASSEN e AKSOY, 2007), seja um amigo ou parente. Para tal, uma pergunta é o suficiente, por exemplo: "De 0 a 10, qual a chance de você nos recomendar para um familiar ou amigo?".

Destaca-se que, ampliar o número de perguntas, pode oferecer imprecisão ou gerar dúvidas no momento de corrigir os resultados. Assim, pontua a Tracksale – sociedade empresária brasileira especializada em consultoria para gestão de satisfação de clientes – quando define as "8 regras para medir corretamente o NPS", em que no máximo duas perguntas seriam mais que suficientes: uma qualitativa e uma quantitativa.

Estabelecer uma escala para respostas simples, por exemplo: "de 0 a 10...", "sim ou não", "de 0 a 5", para que o cliente atribua a nota e avalie sem nenhuma distorção, também são pontos importantes que fazem a diferença no momento de medir a satisfação do cliente.

Muito diferente do que se possa pensar, Markey e Reichheld (2018), destacam que o NPS deve ser visto como uma "ferramenta de gestão operacional", que contribua na busca pela satisfação do cliente existente, e não pela procura de clientes, como se tratasse de uma pesquisa de mercado.

O NPS deve ser mecanismo de medição de satisfação do cliente em um relacionamento já estabelecido – e não para admissão de clientes –, guiando a empresa no que há de melhoria. A gerência dos riscos de uma organização deve ocorrer no ambiente onde os riscos surgem e não fora dele.

Sendo assim, salienta ser por meio do canal direto que o cliente tem com o empresário (via SAC, por exemplo), o ambiente propício em que a avaliação da experiência deve acontecer. O relato do cliente deve ocorrer logo após o contato realizado com a área em que se formou a relação do empresário com seu cliente, caso contrário os dados mensurados reproduzirão uma experiência geral e muito ampla da empresa, sem possibilidade de identificar de forma assertiva os riscos existentes.

Conhecer este ambiente, mapear as circunstâncias e conflitos que surgem no relacionamento com o cliente é fundamental para a solução de problemas, mitigação de conflitos e prevenção de litígios.

Deve haver total confiabilidade no sistema para que os resultados lançados sejam honestos, impedindo que sejam manipulados ou fraudados.

Markey e Reichheld (2018), destacam que:

> Uma análise constante sobre retenção, padrões de compra, *feedback* e recomendações [...] é necessária para confirmar a integridade de seu processo de *feedback*. Pense em estender sua análise de rotina para checar aleatoriamente os resultados dos clientes, monitorar as chamadas telefônicas e redirecionar uma parte dos alertas dos clientes aos executivos seniores.

Desta forma, a verificação das informações por um terceiro torna-se tão necessária, o que ressalta a importância das **"auditorias periódicas"**, principalmente quando se alinha o NPS ao bônus de seus funcionários. Necessário é analisar os resultados, com base em uma amostra de clientes, para que os dados certifiquem os números que denotam às reações e comportamentos do cliente.

4.2.1 Da métrica de avaliação

Mediante a avaliação de notas atribuídas pelo cliente em cada pergunta realizada, é possível distribuir as estimativas em três grupos, conforme expõe Reichheld e Marky (2018):

Clientes Detratores – aqueles que atribuem notas de 0 a 6:

Possível conceber como característica deste grupo, indivíduos que indicam que não voltariam a fazer negócio depois da experiência obtida com a atividade empresária em razão de sua vida ter piorado e, por isto, propagam sua experiência ruim para amigos, colegas e familiares, não hesitando em trocar o produto/serviço ofertado pela empresa, por outro oferecido pela concorrência, por estarem consternados pelo tratamento recebido.

 **Clientes Neutros** – aqueles que atribuem nota 7 ou 8:

Identifica-se este grupo pela qualidade da indiferença. Não são leais à atividade empresária e só compram ou utilizam seus serviços em casos extremamente necessários. Estão apenas satisfeitos, mas não fazem recomendações e quando fazem é sem nenhum entusiasmo. Caso a concorrência proponha oferta mais atraente não hesitam em aceitar e, por isso, não são ativos de longo prazo;

 **Clientes Promotores** – aqueles que atribuem nota 9 ou 10:

Para esses clientes, sua vida melhorou depois do relacionamento formado com o empresário, são os chamados clientes leais, pois recomendam a amigos e colegas; são aqueles que tiveram uma ótima experiência com a "empresa/produto/serviço/marca", a partir do relacionamento gerado, transmitindo *feedbacks* construtivos com margem para uma experiência futura.

Diante do esclarecido, a organização deve buscar atender e cuidar para manter o entusiasmo dos clientes promotores, criando condições para que se desenvolvam formas de aumentar o número de clientes promotores (REICHHELD e MARKEY, 2018), por meio de ferramentas de levantamento de informações.

A categorização relatada acima, é somente uma forma simples e de efetiva rastreabilidade para medição do progresso de uma empresa, direcionando as áreas em que o empresário deva concentrar esforços.

Após isto, utiliza-se de uma conta que resultará no "Grau de Lealdade do Consumidores". Apura-se a porcentagem de clientes promotores e subtrai-se pela porcentagem total dos clientes detratores (KEININGHAM, COOIL, ANDREASSEN e AKSOY, 2007).

O resultado classificará a empresa em quatro zonas possíveis, que indicará, em número, o grau de lealdade e satisfação dos seus clientes (média geral):

Tabela 1 – Zonas do Grau de Lealdade:

NPS entre:	Zona (de):
- 100% e 0%	Crítica
1% e 50%	Aperfeiçoamento
51% e 75%	Qualidade
76 e 100%	Excelência

Fonte: Satisfação de Cliente – *Tracksale*
(Tabela autoral com informações adaptadas)

4.2.2 Dos primeiros questionamentos da criação do NPS

Reichheld (2003), em artigo publicado na revista Harvard Business Review, demonstra como foram os primeiros contatos na procura por uma medição da satisfação do cliente.

O autor compartilha, ainda, em seus estudos, constatações que refletem ser o comportamento do cliente, pós experiência com a atividade empresarial, que indica se o empresário alcançará o crescimento lucrativo esperado, pois é a recomendação do cliente (o "boca a boca") que influenciará nesta métrica intrinsicamente ligada ao crescimento.

Para o autor, quando se começou a pensar no conceito de "lealdade", seria essa a disposição de alguém fazer um investimento ou sacrifício com o fim principal de fortalecer um relacionamento. Neste pensamento, mesmo não tendo o melhor preço em determinada compra, por uma questão de fidelidade, o cliente compraria com determinado empresário.

Para o cliente, é preferível permanecer com uma empresa que o trate bem e lhe dê um bom valor a longo prazo, ainda que não ofereça o melhor preço, de modo que, a lealdade impulsionaria e afetaria claramente a lucratividade.

A lealdade de um cliente tem suas nuances. O cliente pode voltar a comprar ou utilizar os serviços de uma empresa, não por ser leal, mas por uma barreira de saída de atendimento, ou seja, por não ter outra opção (inércia), em razão do preço ou de sua localidade (circunstância).

Reichheld (2003) considerava, até então, serem complexas as abordagens criadas para medir, o aspecto da lealdade e que estes mecanismos produziam resultados falhos pois sua relação com o crescimento era confusa, sigilosa e de difícil compreensão.

Visando o aprofundamento e estudo sobre o assunto, foi realizado um fórum com a participação de diversos executivos de empresas líderes no mercado mundial. Muito foi debatido sobre o que ajudaria a aumentar a lealdade de seus respectivos clientes. O CEO Andy Taylor, da *Enterprise Rent-A-Car* – empresa estadunidense com atividade empresarial voltada ao aluguel de veículos –, testemunhou a aplicação de um método diferente, aplicado ao seu empreendimento, para medir e gerenciar a fidelidade de seus clientes.

Todos os meses a empresa consultava seus clientes com duas perguntas acerca da qualidade de suas experiências e a probabilidade de retornarem a alugar carro com a *Enterprise*. Por meio dessa pesquisa, os resultados foram publicados e repassados para as mais de 5 mil filiais nos Estados Unidos da América.

Examinaram-se as relações havidas entre as respostas dos clientes e a lucratividade (o percentual de compras) e observou-se que aqueles que atribuíam notas altas eram mais propensos a alugarem um carro novamente, ao passo em que, quando o cliente atribuía uma nota baixa, a nota era justificada e canalizada ao gerente da filial, para que este se desculpasse e identificasse a causa raiz do problema, de modo a resolver e evitar a reincidente insatisfação.

Deve-se focar nos clientes **"entusiastas"** – aqueles que deram à experiência a maior classificação possível –, o "cliente-chave" (REICHHELD, 2019), pois é ele que recomendará sua experiência a alguém, levando a empresa para um crescimento lucrativo, assim, o CEO Taylor entendia que:

> By concentrating solely on those most enthusiastic about their rental experience, the company could focus on a key driver of profitable growth: customers who not only return to rent again but also recommend Enterprise to their friends.[13]

Reichheld (2003), entretanto, revela que ter clientes regulares não é sinônimo de lucratividade, mas que esses clientes reduzem o custo de captação de novos clientes e fortalece a compra a longo prazo.

A ferramenta do NPS é veiculada por meio de uma pergunta, tal qual, "Qual a chance de você recomendar o serviço a algum familiar?". A ideia de verificar o grau de lealdade dos clientes, não está somente na concepção do cliente comprar diversas vezes no mesmo lugar, mas de compartilhar sua experiência com outras pessoas.

O autor destaca que é necessário que a pesquisa seja atual, ou seja, o *feedback* precisa ser recente (da semana ou do dia anterior). Segundo a empresa de consultoria

---

13. Tradução livre: "Concentrando-se somente nos mais entusiasmados com a experiência de aluguel, a empresa pôde focar na chave para o seu crescimento lucrativo: clientes que não somente voltaram a alugar como também recomendaram a Enterprise para seus amigos".

Tracksale, o ideal é que as pesquisas sejam realizadas de forma contínua (tempo real), para que a experiência com o cliente seja próxima à atuação da empresa no conflito. É razoável, ainda, estipular a regra da noventena, para que a segunda pesquisa ocorra com o intervalo de noventa dias da primeira pesquisa, com o intuito de não desgastar sua utilização e gerar um atrito com o cliente.

Diante disso, os dados são encaminhados ao gerente operacional responsável e não a um departamento específico, pois esta é tarefa a ser tratada pelo gerente do setor que lida com a causa raiz e que terá condições de resolvê-la.

A ideia do NPS é exatamente essa, tanto é que a pergunta formulada deve ser direcionada neste sentido: "Qual a possibilidade de você indicar nossos serviços para alguém, de 0 a 10?". Ninguém recomendaria algo para alguém se não houvesse confiabilidade ou uma boa experiência gerada no relacionamento que se perfez.

Assim, "a pergunta definitiva" é o fio condutor desse questionamento, que tem como objetivo entender se a experiência obtida, dispõe de condições de ser repassada e compartilhada, pelo próprio cliente, por meio do chamado "boca a boca". Essa recomendação exercerá a capacidade de, sem custo algum, atrair novos clientes para a atividade empresarial.

Há que se mencionar, que clientes leais conversam com amigos, compartilham suas experiências com familiares e conhecidos e, quando isso ocorre, o próprio cliente coloca a sua reputação na linha de frente, mas ele só fará isso se sentir extrema confiança de assim agir.

A experiência demonstra que quando se utiliza muitas vezes de meios complexos, ou quando se relaciona mais de dez perguntas em suas pesquisas de satisfação, impede-se que se tenha um panorama de confiabilidade razoável.

Entretanto, destaca-se que a utilização do NPS cumulado com o levantamento de informações (já explanado), permitem a garantia contínua do acolhimento do cliente, na tratativa do conflito e na melhora do serviço, na premissa de se estabelecer um **"grau de referência"**.

Portanto recomenda-se que os empresários criem um programa de referência de clientes, para alcance do público-alvo, compreensão e satisfação de seus anseios, e redução exata de como, no conjunto da comunidade de clientes, está o grau de recomendação destes.

Atualmente, é extensa a usabilidade da métrica essencial, *Net Promoter Score,* tendo por observado o conjunto de empresas que se utilizam deste mecanismo de medição da satisfação de clientes, tais como: Apple, American Express, Netflix, Amazon, Microsoft, Starbucks, Nike, Azul, Localiza e Natura.

Segundo dados do ano de 2018 da sociedade empresária de consultoria especializada Tracksale, demonstra-se que 95% das quinhentas maiores sociedades empresárias do mundo, tendo como base o *Ranking Fortune 500*, utilizam dessa métrica de relacionamento com o cliente.

4.2.3 Das críticas ao NPS

Para Reichheld (2003) a correlação entre altos índices de satisfação do cliente e um excelente crescimento de vendas nem sempre acontece, pois mesmo os sistemas de medição de satisfação de clientes mais sofisticados apresentam suas falhas.

O autor, criador da ferramenta, declara que o *Net Promoter Score* é uma forma de estimular e promover o pensamento da organização em busca de atender, aprender e melhorar a experiência com seu cliente. A efetividade da ferramenta não está somente em ter um número, mas sim em incentivar os funcionários por conta própria, a discutirem e debaterem os anseios de seus clientes. São as reuniões de equipe, grupos de melhorias, que oportunizarão as melhores práticas e desenvolverão um senso de propriedade, imbuído em todos os funcionários.

Ainda segundo o criador da ferramenta:

> By adopting such robust, rigorous and transparent processes, companies can identify and prioritize the systemic actions required to improve products, pricing and the customer experience.[14]

Com isto, o mecanismo pode até ser robusto, mas é rigoroso e transparente, e possibilita que as empresas identifiquem (através de um percentual) e priorizem ações para melhoria de seus "produtos, preços e experiências com seus clientes".

Reichheld (2019), afirma que muitas empresas utilizam indevidamente o NPS, frustrando a promessa real a qual é oferecida por meio da sua utilização. Para ele, aplicar a pontuação e usá-la como um bônus (remuneração) de funcionários que atuam na linha de frente (aquele que representa a sociedade empresária e terá o atendimento avaliado logo em seguida), vai contra o espírito do NPS. Isso faz com que o funcionário ao invés de conquistar a lealdade do cliente, implore por pontuações maiores, levando os dados à manipulação.

Markey (2013) cita o exemplo de quando foi comprar um carro e o representante de vendas de uma concessionária ao aplicar o NPS, por meio de duas perguntas, disse a ele

14. Tradução livre: "Ao adotar processos robustos, rigorosos e processos transparentes, as companhias podem identificar e priorizar o conjunto de ações necessárias para melhorar produtos, preços e experiências do cliente."

que se o cliente desse a ele uma nota menor que 10, em uma delas, ele poderia deixar de ser "vendedor de ponta" (profissional especializado na venda dos melhores carros), além de estar fora da disputa por bônus.

Para que isso não ocorresse, o cliente (Rob Markey), deu 10 para seu serviço, porém, indica o autor, que isso minou sua confiança no funcionário e no empresário, pois ao implorar pontuação máxima, o representante demonstrou estar mais preocupado com seus próprios interesses do que com os do cliente.

A pontuação do NPS não é um objetivo em si, mas uma maneira de descobrir, em tempo real, se seu cliente está satisfeito ou não. A pontuação deve ser somente o indicador de sucesso e progresso – "O sistema é mais do que pontuação". Deve-se utilizar a ferramenta para discussão, descobrir as preocupações dos clientes e tomar medidas para corrigi-las (MARKY e REICHHELD, 2013).

Em análise deste fundamento o criador da ferramenta, sugere a mudança de seu nome, de *Net Promoter Score* para *Net Lives Enriched* (NLE), na ideia de que, das pessoas que você alcança, quantas seriam enriquecidas ou diminuídas, e o resultado refletiria o título do medidor.

Neste âmago, o propósito é que toda a organização tenha aderido a este pensamento. O funcionário trabalha com energia e entusiasmo se estimulado à inovação, obtendo maiores resultados e maior lucratividade para a organização, sabendo que ele melhora a vida de seus clientes e enriquece suas vidas através de iniciativas que busquem a satisfação destes.

É preciso pensar na utilização da ferramenta da forma que é empregada pelos empresários e como bem colocam Marky e Reichheld (2013): "*By focusing on that question each day, you can make the world a better place – especially if you measure, test and learn"*[15].

No entanto, uma questão permanece: Como saber se o almejado de fato foi alcançado? Reichheld (2019) afirma que é no momento em que a pessoa recebe uma qualificação positiva do cliente e informa que recomendará o seu serviço para outra pessoa, pois ele quer que seu conhecido, parente ou amigo, tenha uma experiência semelhante, isto "é uma clara evidência de que você tornou a vida de alguém melhor. E é isso que se trata [o *NPS*]".

Atualmente, existem empresas especializadas com diversos programas e trabalhos de consultoria que dão sustentação às empresas interessadas em conhecer as demandas de seus clientes, o que lhes aflige, combatendo o conflito e mitigando riscos.

Não é possível desconsiderar que esta é uma ferramenta eficaz de se estabelecer uma métrica em numeral para medir o alcance da satisfação que aferiu a atividade empresária, na experiência formada com seu cliente e, como todo método, existem pontos de melhorias a serem aperfeiçoados.

Ressalta-se que é o comportamento e não as pontuações que conduzirão a empresa ao crescimento, entretanto, as pontuações refletem a força ou fragilidade dos relacionamentos e, se há um descompasso entre o crescimento e as pontuações, algo está errado e precisa ser auditado (REICHHELD e MARKEY, 2018).

No próximo capítulo, analisa-se um estudo de caso, de modo a verificar empiricamente a aplicação destas ferramentas em uma sociedade empresária.

---

15. Tradução livre: "Ao focar nessa questão todos os dias, você pode tornar o mundo um lugar melhor – especialmente se você medir, testar e aprender."

5. DA PESQUISA DE CAMPO

5.1 Do direcionamento da pesquisa

O Conselho Nacional de Justiça e a Associação Brasileira de Jurimetria produziram um estudo, com base no "Relatório de Justiça em Números" – que utiliza uma base de dados enviados pelos Tribunais de Justiça de todo Brasil (o ano-base de 2015) – e elaborou o "Relatório Analítico Propositivo", apresentado em 2018, no qual, aponta as "Instituições Financeiras" entre os maiores litigantes nos processos consumeristas.

Com vista a dimensionar este fator, verifica-se que não são as empresas de telecomunicações, como imaginado, as maiores litigantes demandadas na justiça consumerista, mas sim as Instituições Financeiras.

Somente no Estado de São Paulo, as Instituições Financeiras estão dentre os cinco setores da economia mais demandados na justiça em matéria consumerista, representando um percentual de 40,3%.

O "Relatório Analítico Propositivo" escala ainda, as principais demandas consumeristas das Instituições Financeiras por Estado da Federação – que se propõe aqui, ao leitor, a sua consulta.

Dentre os assuntos mais discutidos estão a "interpretação e revisão de contrato" (34,6%), seguido da classificação genérica referente a problemas "bancários" (com 27,3%) – que englobam, por exemplo "empréstimos consignados" e "tarifas".

Em razão do aludido, com o fim de delinear a população para análise, buscou-se uma Instituição Financeira para esse estudo de caso, que será útil para avaliação empírica de ferramentas que buscam identificar conflitos e prever litígios.

5.2 Da metodologia empregada

O método para responder à problemática proposta a esta pesquisa, no que concerne a utilização de ferramentas de identificação de conflitos e prevenção de litígios, foi baseado em um roteiro de questionamentos.

As perguntas foram elaboradas com base nos assuntos levantados e compreendidos no referencial teórico deste estudo.

A metodologia baseou-se em um roteiro de perguntas, desmembrado em três esferas, a responder:

a) "Como se deu o processo de identificação dos riscos?";

b) "Como ocorreu o processo de implantação dos meios preventivos?" e, por fim,

c) "Como a sociedade empresária lida e gerencia esses meios na atual conjuntura?"

Foram elaboradas ao todo vinte quesitos, que posteriormente foram otimizados e readequados com o fim de dar praticidade aos questionamentos e às respostas, reduzindo-se a doze questões.

A pesquisa de campo foi realizada no mês de fevereiro do ano de 2019.

Após entrevista realizada e apontamentos devidamente anotados, os dados descritos foram comparados com as estatísticas de canais oficiais e extraoficiais da "Instituição Financeira", de modo a comprovar empiricamente o impacto da utilização de ferramentas preventivas na relação com o cliente.

5.3 Da análise dos dados obtidos

A entrevista foi realizada com Instituição Financeira de capital aberto, com ações na B3 (Bolsa de Valores Oficial do Brasil).

A referida sociedade empresária está há dezenas de anos entre as maiores Instituições Financeiras do Brasil, com uma carteira de milhares de clientes e funcionários. O representante da empresa que concedeu a entrevista ocupa o cargo de coordenador jurídico da área cível.

5.3.1 Do aspecto da identificação de riscos com o cliente

Inicialmente a Instituição Financeira foi questionada se há um consenso e consciência interna de seus funcionários, sobre a necessidade de identificar os riscos passíveis na esfera contenciosa. A resposta foi dada no sentido de ressaltar que a preocupação sobre a necessidade de identificar riscos sempre existiu, mas que foi por volta dos anos de 2012 e 2013, que essa identificação se tornou possível em razão da informatização dos processos.

A ideia de identificar riscos, segundo o entrevistado, nasceu da própria presidência, que entendeu a necessidade de compreensão dos riscos e de ser conciso na sua solução, impedindo que eventuais demandas se projetem na esfera judicial contenciosa estatal, como igualmente evidencia Nunes (2018), no qual, é dever do gestor traçar este diálogo com seus funcionários.

A consciência levou a empresa a entender que além do lucro, o importante é ter responsabilidade social e adotar práticas com essa responsabilidade, atuando de maneira eficiente e sustentável. É imprescindível, portanto, que se busque ferramentas úteis que alcancem o que Sandel (2014) denominou como uma "sociedade boa".

O cliente é o patrimônio da empresa e todos precisam estar consignados com esta ideia, preocupados em cativar, em manter e renovar a base de clientes, assim afirma o entrevistado. Eisner (2011) destaca a preocupação que existe em tornar os consumidores, verdadeiros clientes assíduos da atividade empresarial e, para tanto, é necessária a qualificação dos funcionários.

Embora pareça uma preocupação tão somente jurídica, a percepção da necessidade não teve sua origem no setor contencioso – em que pese tenha contribuído nesse processo de identificação dos riscos e da tomada de decisões e estratégias a serem empreendidas pela Instituição Financeira; mas toda a organização (funcionários e colaboradores) precisou entender a importância da fidelização dos clientes e de mantê-los satisfeitos, sendo essa a sua meta primordial.

Nunes (2018), demostra a importância de transpor este cuidado da liderança aos funcionários e colaboradores e, para que isso surta efeito, torna-se necessário investir em treinamentos. A instituição entrevistada afirma que atua com este preceito e que, inclusive, para além desta esfera, disponibiliza uma academia virtual para que os colaboradores aprendam e tenham, a seu livre acesso, cursos profissionalizantes certificados.

Eisner (2011) destaca que preparar a instituição como um todo é fundamental. Preparar a organização para que cada integrante dela tenha, desde um sentimento, até uma linguagem que seja acessível e compreensível para com o cliente, fortalecendo assim o aspecto da comunicação.

Quando questionado sobre o conceito de risco, o entrevistado respondeu que considera risco tudo aquilo que tem o potencial de ferir a imagem da empresa e que fuja dos padrões normais. De certa forma, não se afasta do conceito utilizado por Gaggini (2013), tendo em vista que, tudo o que representa possibilidade de perda para a atividade empresária e de responsabilização de eventos indesejáveis, se encaixam no conceito de risco.

Quando feita a pergunta: "O que é conflito?", o entrevistado respondeu considerar tudo o que não é possível resolver, superar, por vias consensuais e administrativas, não havendo a necessidade de litigar; o que for possível, resolve-se; o que não for possível, haverá intransigência e entende-se como direito resistido.

Como estabelece Alvim (2000), em razão da pretensão de outrem gerada por um conflito (de interesses), não sanável por vias administrativas, leva-se o pleito ao Judiciário para que seja apreciado e aplicado o ordenamento jurídico, iniciando o processo (MARINONI, ARENHART e MITIDIERO, 2017).

Algumas situações foram mencionadas para melhor elucidação e compreensão deste conceito, a título exemplificativo, no relacionamento com o cliente, quando há um atendimento na agência bancária e o cliente não é bem atendido, ocorre a incidência de um risco; quando há uma transação bancária e esta transação foi originada por uma fraude, há um risco; quando há a cobrança indevida, há um risco; quando o cliente espera na fila e seu atendimento torna-se moroso, há um risco; até mesmo para se fazer um empréstimo, deve-se avaliar as condições do remetente, porque há riscos.

Observa-se que as respostas arguidas pelo representante da sociedade empresária demonstram no plano empírico, as ideias debatidas neste trabalho. Marinoni e Arenhart (2012) evidenciam que a tensão entre os contendores forma o conflito que antevê o litígio, conflitos esses que, se evitados, poderiam desafogar o Judiciário (CAPPELLETTI e GARTH, 1988). Identificar o ultraje causador da injustiça (SANDEL, 2014) e a causa raiz dos conflitos, é o que todo o empresário deve buscar, cercando-se de medidas que mitiguem os riscos da atividade empresária (MARTINS, 2017).

Os riscos anteveem o litígio e por isso o empresário deve medi-los, compreendê-los e saná-los. O conflito é gerado no risco que não fora previamente identificado, ou que até foi possível de identificar, mas foi menosprezado pelo empresário e, desta forma, ao cliente impõe-se a necessidade de movimentar a máquina pública, exaurindo o precioso tempo que até dispenderia a resolver administrativamente mas, por não ter outra alternativa ou até mesmo por uma questão de escolha, direcionou seus esforços no que confiava ter maiores chances de retorno – ainda que mais demorado – por meio da jurisdição contenciosa estatal (BERGSTEIN, 2019).

5.3.2 Do aspecto da incorporação das medidas

Acerca do questionamento sobre quais foram as soluções e métodos preventivos (administrativos e procedimentais, das áreas) encontrados para mitigar e eliminar riscos, o respondente afirmou que o setor contencioso teve papel fundamental neste cenário.

De fato, ter pessoas que indiquem e sugestionem soluções, mudanças e inovações que podem ser incorporadas pela empresa, sob o olhar de cada área, é de grande sorte, como esclarece Eisner (2011). Apresentar e divulgar para a organização a proposta de trabalho a ser executada e o caminho que se deve seguir é o primeiro passo.

A Instituição Financeira indica que todas as áreas se tornaram interligadas por meio de um *link* direto com o departamento jurídico interno da empresa. A comunicação era o que faltava, sendo a interligação de todo o atendimento administrativo com o departamento jurídico. Centralizando as demandas de riscos foi possível mensurar e consolidar os dados enviados, analisar e trabalhar os riscos compartilhados pelas áreas da empresa.

A comunicação das áreas possibilitou uma maior interação e respostas mais céleres no tempo de atendimento ao cliente, no mesmo sentido, pondera Lucato (2018) que, a comunicação é de suma importância, para a manutenção da relação estabelecida com o cliente.

No entanto, para que isso ocorresse de forma rápida fora necessário incorporar, otimizar e readequar procedimentos internos da empresa, razão pela qual não seria possível eliminar riscos na esfera judicial sem antes conjugar esforços resolutivos nas vias administrativas, preservando o relacionamento com o consumidor e evitando que ele insurja, em demandas futuras, contra a atividade empresarial no contencioso judicial estatal.

Outro meio importante, foi a implantação da tecnologia da **jurimetria**, nos processos, identificando a causa raiz que levou o cliente a demandar judicialmente. É por meio da jurimetria que ocorre a análise estatística das questões jurídicas.

Em tempo, jurimetria, como pontua Nunes (2016), é "disciplina do conhecimento que utiliza a metodologia estatística para investigar o funcionamento de uma ordem jurídica", capaz de auxiliar na identificação da origem dos conflitos.

Por ser ferramenta para a descrição de dados, a estatística utilizada na jurimetria permite a identificação das populações e do comportamento coletivo dos sujeitos de direito que ingressam com ação judicial.

De sorte que, é inequívoco que a vontade de cada indivíduo gravita em volto de suas razões íntimas para a tomada de decisões. No entanto, é o comportamento do conjunto de pessoas que demonstram as razões regulares de origem das demandas judiciais.

Contudo, é ferramenta utilizada já no âmbito contencioso, com o fim de se mapear as causalidades, associar os problemas e identificar os conflitos das relações, através de dados probabilísticos.

De fato é uma ferramenta eficaz, mas de aplicação no âmbito contencioso. Muito embora tenha seu valor, o que se busca na presente pesquisa é oportunizar que o empresário delineie os conflitos e crie ferramentas para mitigá-los e/ou saná-los, ainda no âmbito interno da empresa, com o fim de prevenir eventuais litígios na jurisdição contenciosa.

Em resposta ao questionamento sobre o processo de engajamento e incorporação de tais medidas, o entrevistado destacou ser uma sociedade empresária de grande porte e por isso fez-se necessário a utilização de tecnologia para incorporação de tais medidas.

Com a informatização dos processos judiciais, novas ferramentas foram disponibilizadas no próprio mercado de negócios, e o setor contencioso conseguiu mensurar de maneira pormenorizada, a sua base de processos.

Hoje, o mercado de negócios é exercido por *startups* e grandes empresas especializadas em prestar serviços de consultoria, ganhando destaque tanto na pesquisa de mercado quanto na especialização no que se refere a medição e gestão da satisfação de clientes.

A empresa de consultoria, com sede em Minas Gerais, Tracksale, tem auferido ao seu portfólio de clientes, em menos de oito anos de criação, grandes empresas e conglomerados, como o grupo Via Varejo e a sociedade empresária de eletrodomésticos, Electrolux, segundo informações da "Revista Pequenas Empresas, Grande Negócios", em matéria publicada no dia 19/04/2017. A *startup* brasileira é especialista no uso da ferramenta *"Net Promoter Score"*, implantando, em centenas de empresas no Brasil e na América Latina, a principal métrica de satisfação de clientes.

A sociedade empresária já foi bonificada com diversos prêmios nacionais e internacionais, sendo finalista e vencedora do "IBM Smartcamp Latin America" na categoria "People Choice's Awards" – evento de empreendedorismo da IBM Mundial, em que teve como concorrentes mais de quatrocentas empresas – tamanha é a importância desta inovação e implementação dentro do meio corporativo.

Em esclarecimento sobre o uso da tecnologia, a entrevistada deste estudo empírico ressalta que o custo foi alto, sendo necessário ter uma boa base de clientes para manter o aparato.

Reichheld e Markey (2018), destacam os desafios da utilização de colocar o *NPS* em ação, pois envolve todas as áreas da companhia, seja o Financeiro, Operações, Marketing, Projeto de Produtos, Recursos Humanos e Tecnologia da Informação, bem como, toda a hierarquia da atividade empresarial, desde o CEO até o pessoal da linha de frente.

Tudo muda com o *NPS*, desde as práticas, prioridades e até os processos, sendo necessário que a toda a comunidade de funcionários esteja comprometida. Qualquer empresário pode adotar de graça, essa ferramenta, e sua transparência, torna o processo fácil de entender e aprimorar, por ser flexível o seu ajustamento a cada atividade empresarial.

O respondente expôs sobre as dificuldades na incorporação de tais medidas, quando questionado, aduziu que não houve resistências, mas que todos, começando dos diretores, precisavam "atuar de modo preventivo", para que ao se deparar com o problema, nas suas mais diversas formas, tivessem condições de resolvê-lo, incorporando a **"cultura de servir"**.

James Collins e Jerry Porras (1996), em artigo publicado pela Harvard Business Review, afirmam que um empresário que aplica valores centrais e um propósito fundamental, desfruta de um sucesso duradouro, por isso, não se pode somente declarar, mas é necessário criar novos ideais, dentro do ambiente interno da empresa, para concretizá-los, até se tornar inerente à atividade de cada integrante da organização.

Tomando por certo que os valores devem estar enraizados e serem sustentados ao longo das operações diárias da atividade, toda a organização deve ter clareza da missão, convicção do propósito na implementação das medidas, e certeza para quem essa missão é criada: o cliente (EISNER, 2011).

Ainda, segundo a empresa para o setor contencioso, o risco existe também quando há insegurança jurídica com relação a um tema específico ou texto legal que, em muitos casos, vai de encontro a determinado entendimento de negócio da própria empresa, ou de determinada previsão legal da Comissão de Valores Mobiliários e até mesmo do próprio Banco Central do Brasil.

Ainda que ocorram inseguranças resultantes de conflitos de entendimento sobre determinado tema ou base legal, elas são compartilhadas com as áreas que diretamente trabalham com a causa raiz do problema, para que se busquem soluções com o propósito de mitigar e evitar que futuras ações venham a demandar a atividade empresarial. De modo que isso cria em toda a corporação a cultura de resolver o problema de maneira preventiva, gerando a cultura de servir e satisfazer o cliente.

Quando perguntado em que momento a sociedade empresária percebeu que as soluções e ferramentas utilizadas de maneira preventiva produziram um resultado, o respondente foi enfático em dizer que foi no momento em que vislumbrou os seus indicadores (o escalonamento das informações).

Engana-se quem pense que essa visualização é dada como eficaz tão somente com base na quantidade de processos que entraram naquele ano-base, pelo contrário, é resultado de uma aritmética de outros fatores, denominados **"fatores positivos"**, que mostram se efetivamente as ações e decisões prospectaram em mudanças no comportamento do cliente.

Por esta razão, o resultado se torna eficaz com fundamento, por exemplo, no total de clientes ativos; no total de clientes ingressos ao sistema da Instituição Financeira; na quantidade de reclamações apontadas pelo Serviço de Atendimento ao Consumidor; na quantidade de processos que demandaram a sociedade empresária e, por fim, e não menos importante, no número de processos em que se teve êxito.

Atualmente, as ações de muitos empresários são pautadas única e exclusivamente no lucro, na publicidade, no planejamento do seu orçamento e em métricas da contabilidade. Aqui está o perigo, pois nesta cultura se aufere lucros ruins que bloqueiam a oportunidade de se atingir um crescimento verdadeiro e sustentável. Como pontuam Markey e Reichheld (2018):

> Os gerentes precisam atingir metas de lucros e vendas, assim como os líderes das unidades de negócios. [...] Uma grande desconexão. Nossos sistemas contábeis – tanto financeiros quanto de gestão – não revelam nada sobre sentimentos de lealdade, entusiasmo, recompras, recomendações e todas as outras emoções e comportamentos que determinam o valor dos clientes individuais. Os executivos e empregados sabem como atingir suas metas financeiras imediatas, e sabem que serão cobrados por isso. Mas a lealdade dos clientes e a missão da empresa, como objetivos, são aspectos mais abstratos, cuja medição, aparentemente, é impossível [...] se deixam seduzir pela tentação do que só pode ser chamado de **lucros ruins.** (Destaque nosso).

Assim, o aumento de lucro é um ganho, mas não é o fim e nem o parâmetro exclusivo para demonstrar se as medidas tomadas foram eficazes com a finalidade de se evitar o meio judicial para a resolução de conflitos.

5.3.3 Medidas preventivas na atualidade

A Instituição Financeira foi questionada sobre como faz para gerir, atualmente, e, principalmente, supervisionar os riscos existentes na relação entre empresário e cliente. Em resposta, o entrevistado respondeu que utiliza de **meios internos e externos** de verificação. O meio externo oficial é o Banco Central do Brasil – BACEN – e os meios internos, o SAC e a Ouvidoria da própria Instituição.

Como ponto de reflexão e atuação, outros meios são também utilizados como indicadores, como os dados divulgados pelo Programa de Proteção e Defesa do Consumidor, o PROCON, além das redes sociais e sítios eletrônicos de reclamação como o "Reclame Aqui" e "consumidor.gov.br" que também são ferramentas de apoio mais próximas e fáceis do cliente buscar um atendimento direto para resolução de conflitos

As informações além de denunciarem, precisam ser gerenciadas a fim de expurgar riscos que a empresa está exposta. Para isso, são realizados fóruns com as áreas e departamentos da atividade empresarial com o fim de indicar os problemas, sugerir mudanças e apontar soluções às demandas. É assim que ocorre a gerência dos riscos em todas as áreas da Instituição Financeira.

Os fóruns, citados pela sociedade empresária, tem característica peculiar a dos denominados "Grupos de Melhoria", mencionados por Reichheld e Markey (2018), cujo objetivo é discutir o problema e debater soluções. Fato é, não somente importante a comunicação com o cliente (LUCATO, 2018), mas fundamental a comunicação dentro das diversas áreas da empresa, que identificam o problema e levam à discussão nos Grupos de Melhoria, pelo que Eisner (2011) denominou como Pontos de Escuta, característica singular dos serviços oferecidos pelo SAC.

A sociedade empresária foi categórica ao afirmar que enfrenta conflitos de massa que geram mais riscos quantitativos, notadamente: fraudes bancárias, cobranças indevidas e espera em fila nas agências. Informa que tem gerenciado estes riscos atuando conjuntamente com as áreas, com o uso de indicadores, monitorando as informações levantadas, identificando as maiores incidências de reclamações – na sua base histórica – e verificando as razões e a veracidade dos motivos que ensejaram as demandas.

É por meio da tecnologia que a veracidade destas informações pode ser concatenada e legitimada. No caso de os clientes realizarem uma série de reclamações a respeito de um determinado funcionário, em determinada comarca, e em determinada agência bancária, é possível rastrear, por meios tecnológicos de cruzamento de informações, na via administrativa, se houveram outros apontamentos de clientes que também indicaram a existência fática desta reclamação.

Exemplo relatado na entrevista foi a questão de um produto que em determinada localidade começa a sofrer autuações dos órgãos locais, por não respeitar as regulamentações locais (do Município, *verbi gratia*). O risco relatado só é perceptível via canais da "Rede de Agências", nos fóruns que são realizados, por meio dos relatórios mensais emitidos pelo SAC, BACEN e Ouvidoria. Recebendo estes dados, pode-se cruzar com as informações dos processos em trâmite, e o setor preventivo, atuará conjuntamente com as áreas da empresa, para melhorar o aspecto que causa prejuízo ao empresário.

A veracidade das informações é verificada por meio da procedência ou não de tal demanda, na via administrativa – por meios externos e internos da Instituição Financeira – e na via judicial.

Para a empresa não é responsável postergar a resolução do conflito, segundo afirma, "quando tem processo é algo grave", é risco formado e inevitável. O processo é carregado de uma história de mágoa, de raiva, de chateação e a melhor solução é o acordo.

Semelhantemente entende-se que o tempo postergado da solução do conflito, evidencia a inobservância do empresário em cumprir com o dever legal da efetiva prevenção e reparação de danos que preceitua o Código de Defesa do Consumidor, em seu artigo 6º, inciso VI[16]. A falta de investimentos em mecanismos eficientes e de aperfeiçoamento dos meios de atendimento às demandas e reclamações dos clientes, obstaculiza e motivam o consumidor a acionar o Poder Judiciário (BERGSTEIN, 2019).

Ainda com todos os cuidados, as ações judiciais sempre existirão e isso é inerente ao fundamento constitucional, que ampara o acesso à justiça e a utilização de diversos meios, no cerne de prestar o reconhecimento de um direito legítimo (SADEK, 2014). Por este modo, com a entrada de novos processos, a Instituição Financeira analisa a demanda, verificando a existência do mínimo de direito no que foi pleiteado. O mínimo de direito engloba casos em que, na via administrativa, poderia o conflito ser resoluto. Havendo indícios desses direitos, o caso é remetido à tentativa de acordo.

Segundo a Instituição Financeira, o Poder Judiciário tem de ser utilizado somente quando o acordo não for possível. Temas em que uma definição legal é necessária para sedimentar a matéria, por exemplo. Contudo, não havendo indícios do direito pleiteado pelo autor e em havendo embasamento jurídico no entendimento da sociedade empresária, o caso é remetido para defesa em juízo.

Já com a compreensão do problema (da causa raiz), a sociedade empresária pode atuar em vistas de elaborar

---

16. "São direitos básicos do consumidor: VI - a efetiva prevenção e reparação de danos patrimoniais e morais, individuais, coletivos e difusos."

uma defesa ou (se já é conhecida) de aperfeiçoá-la para melhor esclarecê-la em juízo, quando entender que o posicionamento da Instituição está em conformidade com sua política e base jurídica de entendimento.

A empresa foi questionada sobre a existência de algum processo operacional que tenha identificado como gerador de riscos. A resposta foi positiva, a destacar que o grande problema que existia era justamente operacional, pois tornava a empresa revel em muitos casos, haja vista a falta de comunicação com o departamento jurídico e, em decorrência disto, a ausência de conhecimento das citações.

O problema era de ordem operacional, pois todas as etapas eram manuais. Foi com o estabelecimento de um SLA *(Service Level Agreement)* ou, em português, Acordo de Nível de Serviço – no âmbito interno, o tempo que se demora para executar um procedimento ou atividade – e, no investimento em meios tecnológicos que estes problemas foram sanados.

Em todas as áreas alguém precisa estar disposto a resolver o problema e, por isto, todo tipo de reclamação detém um SLA de atendimento. Todas as áreas possuem seu SLA próprio, que é criado e aprimorado com o tempo.

No que concerne ao SLA, na área de atendimento, busca-se gerenciar o prazo de resposta e solução da demanda no dia a dia da atividade empresarial, mensurando o tempo em que ocorreu a prestação de determinada atividade. Embora atraente o tema, esta ferramenta não foi objeto de estudo empírico, mas um fato atestado pelo respondente como ponto importante para ajustamento dos procedimentos internos, sendo sugestão para futuras pesquisas.

O atraso no envio da contrafé ao departamento jurídico responsável; o tempo para procurar e identificar o autor; a demora na identificação da reincidência de reclamações do cliente; todos estes foram fatores de riscos suprimidos por meios tecnológicos que realizam o envio ao setor jurídico de todos os dados necessários. Como exemplo, têm-se a triagem que passou a ser realizada por meio de leitura ótica, verificando e mapeando, os meios ativados pelo consumidor para solicitar e requerer soluções, e encaminhando as informações financeiras do cliente para consulta do departamento jurídico. A realização de toda essa interface possibilitou agilizar os procedimentos e a busca processual.

Por meio de um sistema interligado com o departamento jurídico é possível atuar de forma preventiva, identificando se a reclamação do cliente é corriqueira e se ele vem tentando solucionar o problema sem lograr êxito. Encontrando, em tempo, o risco no relacionamento com o cliente, é possível sustá-lo e solucioná-lo de modo assertivo e em tempo razoável.

Reconhecido é que, mesmo com todos os instrumentos utilizados, ainda existirá processo judicial, pois sempre haverá o cliente que não buscará a resolução do conflito na esfera administrativa porque simplesmente entende que é seu direito pleitear diretamente pela via judicial(COELHO, 2018), como de fato é.

Entretanto, toda a organização precisa entender a responsabilidade de se aperfeiçoar. Para isto, a sociedade empresária desmembra o custo do processo com as áreas envolvidas, compartilhando o custo com a área que originou a demanda, ressalvado os casos de demandas causadas em virtude do posicionamentos da própria Instituição Financeira, por exemplo, acerca da cobrança de determinada tarifa em que a empresa entende como cabível; neste caso, o custo não estará vinculado às áreas.

É deste modo que o setor comercial, que antes buscava tão somente vender, iniciou um processo de preocupação com o pós-venda e em cuidar do relacionamento com o cliente. Nesse toar que o NPS *(Net Promoter Score)* aparece na busca pela fidelização e satisfação do cliente.

Em contraponto, como já demonstrado, Reichheld (2003) destaca o perigo que se têm na associação de qualquer métrica à compensação de empregados, sendo "fontes de viés" que podem levar a números não confiáveis, imprecisos e sem isenção, assim, uma forma proposta pelo autor a este tipo de problema é que um terceiro solicite o "*feedback* na hora certa", que seria, logo após o atendimento anterior.

Nessa entoada quando há um conflito pontual em determinada agência, o nome do cliente é anonimizado, salvo se houver a permissão para que seja encaminhado à filial, o que, já reduz o risco de manipulação de resultados.

Outro modo, é a utilização de auditorias que revelem fraudes e manipulações que inflam as notas lançadas pelo cliente. Porém, é um meio oneroso e que pode ser escopo de futuros estudos.

Em resumo, o *feedback* precisa ser honesto, neutralizando influências externas à relação construída e à lisura do uso da ferramenta (seja via e-mail ou por ligação telefônica), pois isso garante um histórico mais autêntico e confiabilidade das informações fornecidas.

Além de supervisionar, primordial é aprimorar tais medidas. Questionado se a empresa possui um programa de incentivo para estimular ideias no prospecto de diminuir riscos, o entrevistado informou que, com periodicidade bimestral, os colaboradores e funcionários são convidados a apresentarem ideias e projetos que busquem soluções simples, capazes de satisfazer o cliente e atender às demandas da empresa.

Toda a organização pode participar se cadastrando e enviando ideias e projetos, posteriormente, os executivos de cada área analisam e formam um comitê que se reúne e premia (inclusive, financeiramente), as ideias mais destacadas.

Além disso, durante todo ano, metas são estipuladas às áreas. A cada meta batida, uma nova meta é lançada como desafio para toda a empresa. Uma das metas é vender, mas isso de maneira isolada não é o suficiente. Fidelizar o cliente é a maior meta.

Nos últimos cinco anos, conforme informado pela Instituição, o departamento jurídico vem atingindo suas metas, mantendo um crescimento exponencial na diminuição de reclamações, na diminuição de processos e no aumento do número de êxitos das ações em geral.

5.4 Da verificação no plano empírico

Após a entrevista, prossegue-se aqui com a certificação das informações coletadas no plano empírico.

De acordo com dados do Banco Central do Brasil, 2º Trimestre de 2019, a Instituição Financeira dispõe de uma carteira com mais de 40 milhões de clientes, na base conjugada do Cadastro de Clientes do Sistema Financeiro Nacional.

A instituição objeto deste estudo foi a que menos obteve reclamações procedentes, dentre suas concorrentes diretas, atingindo o menor índice de reclamações em que houve a verificação de indício de descumprimento de lei ou regulamentação, cuja competência seja de supervisão do Banco Central do Brasil.

Com o fim de atestar a serventia da comunicação e do tratamento dos conflitos, a partir de ferramentas públicas e privadas, que mapeiam os conflitos na relação entre o empresário e o cliente, foram verificados relatórios extraídos das duas principais ferramentas relacionadas à resolução de conflitos entre o consumidor e o empresariado, sendo, uma ferramenta pública ("consumidor.gov.br") e uma ferramenta privada ("Reclame Aqui").

A partir do indicado pela Instituição Financeira, com relação aos meios e canais oficiais e extraoficiais, é possível analisar os resultados que a sociedade empresária vem obtendo na utilização destas ferramentas.

Por meio de dados oficiais apurados no sítio eletrônico do Governo Federal, o **"consumidor.gov.br"**[17], foi possível constatar que a categoria "Bancos, Financeiras e Administradoras de Cartão", foi o segundo maior segmento demandado e reclamado no ano de 2018, compreendendo o percentual de 22% das demandas do "consumidor.gov.br", conforme informações do SINDEC[18].

A Instituição Financeira, objeto deste estudo de campo, foi a segunda mais bem posicionada entre as suas concorrentes, no setor privado, quando verificado o índice de satisfação dos consumidores no segmento de "Bancos, Financeiras e Administradoras de Cartões" – sem considerar outras empresas, braços da Instituição, que fornecem outros meios e serviços (por exemplo, de seguro, entre outros).

A entrevistada atingiu o índice de 73,6% na solução dos conflitos; demora em média 6,7 dias para responder o consumidor – cumprindo com o prazo de 10 dias, estabelecido pela própria ferramenta, como prazo máximo de resposta às reclamações; alcança o percentual de 99,9% de suas reclamações respondidas, somando mais de 32 mil reclamações finalizadas (dados conferidos em 18/08/2019) – apuração do período de um ano.

---

17. CONSUMIDOR.GOV, SENACON – Sítio eletrônico do Governo Federal que fornece serviço público alternativo de solução de problemas de consumo, monitorado pela Secretaria Nacional do Consumidor, no qual, permite a interlocução direta entre consumidores e empresas, para solução de conflitos de consumo pela internet. Disponível em: https://www.consumidor.gov.br/pages/principal/?1567990730610, acesso em: 18/08/2019, às 20h00.
18. SINDEC – Sistema Nacional de Informações de Defesa do Consumidor – realizou esta apuração com informações integradas, reunindo informações consolidadas e de forma anual, dos Procon de todo o Brasil e da plataforma online "Consumidor.gov.br". Disponível em: https://www.justica.gov.br/news/collective-nitf-content-1552676889.94, acesso em 08/09/2019, às 20h01.

Pondera-se que, apesar da solução dos problemas, a satisfação com o atendimento não é dos melhores resultados. De 1 a 5, a instituição afere nota 2,5, que representa metade do percentual a qual conseguiria auferir neste índice.

Outra ferramenta bastante considerada nos atuais dias é o sítio eletrônico denominado **"Reclame Aqui"** (criado por empresa privada e muito usual dentre os brasileiros na solução de conflitos), que atua como canal independente, mapeando e realizando a interlocução entre consumidores e empresários na via administrativa.

Segundo dados apontados e verificados no dia 23/07/2019, a Instituição Financeira entrevistada é a mais bem classificada no setor geral das empresas, estando entre os vinte melhores índices de solução no ranking das reclamações atendidas e, alcançando a nota de 7,8 de reputação (sendo 10 a nota máxima).

Para conhecimento, a reputação aplicada na ferramenta é calculada tendo como base: o índice de respostas, a nota média das avaliações, o índice de solução, o índice de reclamações finalizadas e avaliadas e, o índice de novos negócios.

Não é objeto do trabalho compreender como funciona a aritmética da avaliação de reputação da ferramenta, mas tão somente, extrair as informações pertinentes ao estudo – o que não impede estudos neste sentido. Todavia, por ter se consagrado e popularizado entre os brasileiros, demonstra a ferramenta privada aqui aduzida, um econômico meio de atendimento e eficiente ferramenta de resolução de conflitos.

Das quase 15 mil reclamações existentes da Instituição Financeira, no "Reclame Aqui", somente 33 não haviam sido atendidas (dados do dia 23/07/2019), o que configura 99,8%, das reclamações respondidas.

Deste total, a sociedade empresária possuía 81,8% das reclamações atendidas e solucionadas. Não obstante, 67% voltariam a realizar negócio com a atividade empresária, o que demonstra a importância que tem: a identificação do conflito, através, por exemplo, do SAC; a compreensão da insatisfação do cliente; e, a resolução do conflito, impedindo o litígio.

Destaca-se que, a sociedade empresária, em seu sítio eletrônico principal, disponibiliza diversos meios de contato dando o livre acesso ao consumidor em geral, para que atue como protagonista e exponha tudo o que o insatisfaz dentro desta relação, por vias de canais de atendimento telefônico individualizados (para capitais, regiões metropolitanas e demais localidades e, para pessoas com deficiência auditiva e de fala); SAC – destinado a reclamações, cancelamentos e informações, por meio do "0800" – inclusive para pessoas com deficiência auditiva e de fala; canal direto com a ouvidoria, pelo "0800"; e, por meio de *link* direto de preenchimento em seu sítio eletrônico, com o fim de permitir que o consumidor, ou cliente, que se sente lesado, possa recorrer à "segunda instância administrativa" e tenha resolvido sua importunação.

No Sistema Nacional de Informações de Defesa do Consumidor – SINDEC –, em apuração realizada pelo Ministério da Justiça e Segurança Pública e descrita no relatório "Consumidor em Números", evidencia-se que, em 2018, ocorreram cerca de 2.274.191 reclamações registradas nos PROCONS de todo o país (26 estaduais e 1 no Distrito Federal) e 536 nos PROCONS municipais. Dentre os segmentos mais demandados, encontram-se os "Serviços Financeiros", compreendendo a terceira maior demanda (com 19,7%), seguido da categoria "Outros" com 30,8%; "Telecom" (serviços de telecomunicações), com 29,2% e percentuais menores do "Varejo/Comércio", "Energia" e "Indústria".

Ainda, conforme o relatório, entre os assuntos mais reclamados estão os relacionados às telefonias (na primeira posição – 13,3%, celular – e na segunda posição – 7,7%, telefonia fixa), outrossim, na posição imediatamente subsequente, encontra-se problemas relacionados ao cartão de crédito – representando 7,2%.

Além disso, dentre os maiores problemas, encontram-se 40,8% relacionado às cobranças; 16,7%, problemas de contrato; 12,4%, vício ou má qualidade de produto ou serviço; e 9,8%, problemas com o SAC – o que é algo extremamente preocupante, pelo fato do SAC ser a principal ferramenta de acesso para o cliente comunicar suas demandas ao empresário, levantando informações que identifiquem os problemas existentes na atividade empresarial, conforme demonstrado neste estudo. É exatamente o principal meio de comunicação e ferramenta de interlocução, entre cliente e empresário, uma das principais demandas no PROCON.

Dentre as empresas mais reclamadas nos PROCONS, em 2018, em âmbito nacional, a instituição estudo deste trabalho, está na 10ª posição, com 25.677 reclamações, ficando atrás de seus dois maiores concorrentes privados (estes chegando a obter, respectivamente, quase o triplo e o dobro de reclamações em comparação ao obtido pela entrevistada) estando a frente, também, de um grande banco público, que detém pouco menos do dobro de reclamações da Instituição Financeira aqui referida (com 46.487 – reclamações).

Em análise mais focal, relaciona-se abaixo onze estados brasileiros para extrair as seguintes informações, em relação a organização objeto de estudo de campo:

Tabela 2 – Posição da Instituição Financeira, estudo de caso, no Ranking dos mais demandados no PROCON em 2018:

Estado:	No Ranking dos dez maiores demandados:	Total de Reclamações:	No Ranking das Instituições Financeiras (dentro do Ranking Geral):
Minas Gerais	10ª posição	3.042	4º lugar
Paraná	10ª posição	1.765	4º lugar
Pernambuco	10ª posição	1.278	4º lugar
Rio Grande do Norte	9º posição	313	5º lugar
Santa Catarina	10ª posição	1.749	4º lugar
São Paulo	9º posição	7.275	4º lugar

Fonte: Informações relacionadas e extraídas do "Boletim SINDEC 2018".

Constata-se, pois, que a Instituição Financeira, aqui estudada, permanece ausente da lista dos dez maiores demandados, em cinco dos onze estados em que fora realizado o estudo, fato ocorrido nos seguintes Estados: Rio Grande do Sul, Rondônia, Roraima, Sergipe e Tocantins.

No âmbito estadual, não está sendo considerado o desenvolvimento das Instituições Financeiras em cada região do Brasil, que pode variar, como número de clientes, número de agências bancárias e até aspectos muitas vezes imensuráveis como o grau de confiabilidade e de relacionamento que se tem com os clientes de determinada região e outros aspectos voláteis.

De toda sorte, os dados apontados evidenciam uma direção a qual se deve prosseguir como propósito para que todo empresário esteja atento a tantos quanto forem os apontamentos levantados, por exemplo, via SAC, bem como, acerca do grau de referência que se busca e de possível visualização permitida por ferramentas de mensuração da qualidade dos serviços (como o NPS).

Por este modo, é possível concluir com a apuração dos dados, no plano empírico, que a sociedade empresária entrevistada é a que melhor qualifica-se como parâmetro de atendimento em seu segmento e de sua expressão.

Ainda, o "Relatório Analítico Propositivo Justiça Pesquisa Políticas Públicas do Poder Judiciário – Os maiores litigantes em ações consumeristas: mapeamento e proposições", idealizado pelo Conselho Nacional de Justiça, em 2018, destacou os cinco maiores litigantes nos processos consumeristas de sete Tribunais de Justiça.

A pesquisa envolveu os Tribunais de Justiça dos seguintes Estados da Federação: Amazonas, Bahia, Distrito Federal, Mato Grosso, Rio de Janeiro, São Paulo e Rio Grande do Sul.

Após apuração da análise realizada pelo CNJ, a Instituição Financeira, aqui abordada como estudo de caso, aparece tão somente uma única vez, dentre os cinco maiores litigantes dos Tribunais de Justiça pesquisados, situando-se na 5ª posição do Tribunal de Justiça do Estado de São Paulo.

Pondera-se que suas concorrentes não tiveram o mesmo êxito e algumas aparecem como maiores litigantes em mais de quatro Estados e, em sua maioria, entre a 3ª e 1ª posição no ranking geral desta lista.

Isso demonstra um tratamento no mínimo diferenciado em como a empresa entrevistada, enxerga o conflito e seduz à mitigação das demandas judiciosas.

A instituição aqui entrevistada foi credenciada no rol de "Empresas Amigas da Justiça", garantindo o selo de certificação enviado eletronicamente pelo Tribunal de Justiça de São Paulo, e assim permanece até 01/01/2021 (data da consulta realizada).

Pode-se validar pela apuração acima que, as concorrentes da Instituição Financeira, estudo de caso, vêm atingindo uma quantidade desproporcional de demandas judiciosas, quando em comparativo realizado com as concorrentes de equivalente envergadura. De modo que, é possível afirmar que o espelhamento de suas ações (que, não obsta dizer, sempre passíveis de adequação, aperfeiçoamento e evolução) é item relevante a ser considerado.

Por fim, percebe-se que todas as informações transmitidas pela Instituição Financeira foram coletadas e denotam razoável preocupação da atividade empresarial em tomar medidas de precaução com o objetivo de se evitar que o conflito, identificado internamente, se torne em litígio que demande à via contenciosa estatal, atendendo de forma preventiva na gestão de riscos oriundos das relações consumeristas.

CONSIDERAÇÕES FINAIS

A ideia central deste estudo foi questionar a existência de ferramentas capazes de identificar conflitos, ainda no âmbito interno das empresas, no proveito de eliminar e mitigar o surgimento de conflitos no relacionamento estabelecido entre o empresário e seus clientes.

Para o empresário, ter alinhado com seus funcionários e colaboradores, os riscos da empresa, é fundamental! Principalmente, os riscos gerados nos conflitos erigidos pela insatisfação do cliente nesta relação mantida com o empresário, pois se existentes e não sanados em tempo, resultam em demandas judiciosas que colocam em risco a atividade empresária, sendo não somente importante como algo necessário.

É princípio basilar que todo o relacionamento, nas suas mais diversas vertentes, precisa ser cuidado, tratado e nutrido, de sorte a não o tornar desgastante e impossível de se manter. Nesse toar, a comunicação é primordial!

Por este modo, necessária é a reflexão e a constatação empírica acerca do tema, que se perfaz no estudo de caso aqui abordado, mas que não exaure a discussão em relação à proposta deste livro.

Assim, observa-se que os conflitos que mais demandam à judicialização, são os conflitos das relações consumeristas mantidas com as Instituições Financeiras. Decorrente disto, buscou-se analisar as ferramentas e práticas adotadas por uma Instituição Financeira, com o fim de resolver conflitos de forma preventiva à jurisdição contenciosa estatal; ou minimizá-los, quando possível, na medida em que a lide estiver formada.

Como bem demonstrado no plano teórico e apurado no plano empírico, as empresas que entendem que o risco do conflito nas relações com o cliente, nasce da ausência ou da própria comunicação da empresa, criam um canal de atendimento específico para seus clientes, permitindo identificar eventuais insatisfações e realizar o necessário tratamento na origem do conflito.

Projeta-se por meio deste livro que conservar um relacionamento sustentável com o cliente (o maior patrimônio do empresário) deve ser, senão a maior, uma das maiores preocupações do meio empresarial. O primeiro passo para tanto é entender que os ruídos na comunicação podem ser geridos por ferramentas de seu próprio portifólio; conhecidos no denominado "momento verdade" (que permite identificar e compreender a insatisfação do cliente); e, combatidos por meio de ações assertivas.

É no "momento verdade" (o primeiro instante em que o cliente entra em contato com a atividade empresarial), que o cliente expõe suas insatisfações ao empresário (ou seu representante) e relata o que lhe aflige, para que tome medidas suficientes e capazes de solucionar o conflito conhecido ou de mitigar futuros conflitos.

Na verdade, este "momento verdade" pode surgir e ser tratado por meio das denominadas ferramentas de levantamento de informações, seja por chamadas telefônicas, contatos por e-mails, "Grupos de Foco" (os chamados "Fóruns de Discussão"), clientes ocultos e até "Pontos de Escuta".

No entanto, não basta levantar informações se não dado o direcionamento adequado a elas. Por esta razão, a utilização da ferramenta NPS é primordial, pois permite a garantia contínua da busca do melhor tratamento das informações coletadas. Por ter a característica de medidor exato do grau de recomendação dos clientes, mediante escalonamento de notas, torna-se capaz de firmar um "grau de referência" que o empresário deve se guiar.

O "grau de referência" é estabelecido pela categorização do denominado "Grau de Lealdade dos Consumidores", sendo uma forma de rastrear e medir o progresso da empresa, em vista de compreender e satisfazer os anseios do seu público-alvo. O objetivo é direcionar o engajamento de toda a organização na promoção de ações que o empresário deva criar ou efetivar sua manutenção, ajustando em seus processos internos e envidando esforços para correção, alteração e eliminação de procedimentos dentro de suas áreas e departamentos.

Fato é, não importa o tamanho do negócio, o empresário precisa estar atento às diversas condições e potenciais fatores de risco que está propenso.

Mediante entrevista, a empresa demonstrou preocupação com suas atividades, notadamente, na relação estabelecida com seu cliente e na integração de toda a organização para construção de um bem comum, item que pode ser averiguado com a criação, por exemplo, dos Fóruns de Discussão – que conta com a participação dos próprios executivos da empresa – e de incentivos dispendidos pela empresa para criação de ideias e projetos que otimizem, solucionem e inovem o atendimento com seus cliente e em relação às próprias atividades.

Pondera-se que, para a empresa, o NPS deve ser entendido como meta. Para atingir este propósito, necessário reconhecer que a empresa precisa do cliente para subsistir (pois sem ele não há lucro); de que todos os funcionários e colaboradores devem ter a proatividade de identificar riscos de suas áreas e departamentos; e, da necessidade de investir na comunidade, quando na criação de cursos e implantação de projetos sociais – que também são entendidos como riscos, por afetarem, de certa forma, como a empresa é vista no meio social.

Diante da entrevista, cuja razão social da Instituição Financeira não foi revelada, por versar sobre estudo de caso, revela-se que as Instituições Financeiras devem se ater ao atual processo estratégico de resolução de conflitos, vislumbrado neste livro, em consequência de que, hoje, a conhecida expressão "boca a boca" – que antes era pessoal, pontual e local –, exprime novas proporções, por serem captadas pelas redes sociais e por diversos outros meios on-line, sem limite de extensão, propagação e alcance.

A chave de ouro que se extrai deste estudo é vislumbrada quando não somente se tem o conhecimento da insatisfação, mas quando o empresário considera as informações, aplicando medidas em prol de seu tratamento. Sem aplicabilidade de ações corretivas que respondam às considerações dos clientes, o enfrentamento da cultura do litígio torna-se prejudicado.

O estudo aqui abraçado não tem o condão exaustivo e, posto a amplitude do debate e a abrangência de temas correlatos, não podem e nem devem se esgotar neste trabalho. Nesse toar, sugere-se as seguintes pesquisas de campo, no intuito de medir:

a) a efetividade do SLA no atendimento às demandas encaminhadas ao SAC;

b) a efetividade da ferramenta NPS, de forma ampla e irrestrita – com números detalhados – inclusive no aspecto trabalhista (o qual, atualmente, apresenta grande influência, como ponderado neste estudo);

c) a funcionalidade das Ouvidorias e Auditorias – internas e externas – e seu impacto no meio empresarial (tanto para o consumidor quanto para as empresas);

d) o efeito das reclamações no BACEN – pelo que se tem a ideia generalizada de que muitas demandas só são resolvidas quando o acionado; e) e, a efetividade da utilização de métodos e técnicas de solução de conflitos no âmbito processual (como já é objeto de amplo estudo no meio acadêmico).

Pelo exposto, em razão do estudo ocorrer de forma isolada com somente uma Instituição Financeira, não é possível concluir se as suas concorrentes possuem ações em comum, ato que insurge à reflexão, para futuros trabalhos, de análise que aufira resultado detalhado relativo aos riscos do conflito, na atividade empresarial e a adequação de ferramentas preventivas na relação com o cliente, por meio de comparativo com maior número de instituições.

Inegável, no entanto, é a certeza que se tem na conclusão deste livro, que se opera na compreensão de se fugir do pensamento egoístico e de superar as divergências que dão origem aos conflitos. Capacidade esta não somente boa como indispensável, no exclusivo interesse de se cultivar a supremacia do ideal comum e cívico, quer seja, o mandamento de que **amar o próximo como a ti mesmo, ainda é uma ideia poderosa!**

REFERÊNCIAS

ALVIM, Tereza Arruda. **Manual de Direito Processual Civil**. *Teoria Geral do Processo, Processo de Conhecimento, Recursos, Precedentes.* 18ª edição revista, atualizada e ampliada. Revista dos Tribunais – RT (Thomson Reuters Brasil). São Paulo: 2019.

BERGSTEIN, Laís. **O tempo do consumidor e o menosprezo planejado. O tratamento jurídico do tempo perdido e a superação das suas causas.** Editora: Revista dos Tribunais – RT (Thomson Reuters Brasil). São Paulo: 2019.

CAHALI, Francisco José. **Curso de Arbitragem.** Revista dos Tribunais – RT (Thomson Reuters). 7ª Edição. São Paulo: 2018.

CALMON FILHO, Petrônio. O conflito e os meios de sua solução. **Coletânea Teoria do processo – panorama doutrinário mundial.** Por Fredie Didier Jr. e Eduardo Ferreira Jordão, p. 825. Editora: Juspodivm. Salvador: 2008.

CAPPELLETTI, Mauro. Os métodos alternativos de solução de conflitos no quadro do movimento universal de acesso à justiça. **Revista de Processo. Repositório de Jurisprudência autorizado pelo Superior Tribunal de Justiça** sob n. 11 (Portaria n.8/90) e pelo Tribunal Regional Federal, da 1ª Região (Portaria n.2, de 6 de junho de 1992, DJ-seção II, de 17.6.92, p. 17.850). Doutrina Internacional, nº 73, Janeiro – Março de 1994.

CAPPELLETTI, Mauro e GARTH, Bryant. **Acesso à justiça.** Tradução e revisão Ellen Gracie Northfleet. Editora: Sérgio Antônio Fabris – Editor (SAFE). Porto Alegre: 1988.

CARDOSO, Alenilton da Silva. **Conflituosidade e acesso à justiça: ensaios acadêmicos sobre introdução ao processo e à cultura da paz na perspectiva da solidariedade.** Cap. 1 e 2, p. 23 – 45. Editora Ixtlan. São Paulo: 2019.

CARNELUTTI, Francesco. **Como se faz um processo.** 2ª Edição. Editora: Servanda. São Paulo: 2002.

CINTRA, Antonio Carlos de Araújo; DINAMARCO, Cândido Rangel e GRINOVER, Ada Pelegrini, 2010. **Teoria Geral do Processo.** Revista e atualizada. 26ª Edição. Editora Malheiros Editores. São Paulo: 2010.

COELHO, Fábio Ulhôa. **Novo Manual de Direito Comercial – Direito de Empresa [livro eletrônico]** 3º ed. em ebook baseado na 30ª Edição impressa. Revista dos Tribunais – RT (Thomson Reuters). São Paulo: 2018.

COELHO, Fábio Ulhôa. **Novo Manual de Direito Comercial – Direito de Empresa [livro eletrônico]**. Revista dos Tribunais – RT (Thomson Reuters). São Paulo: 2020.

COLLINS, James C.; PORRAS, Jerry I. Building Your Company's Vision. **Harvard Business Review.** Reprint 96501. Set./Out.: 1996.

DEUTSCH, Morton . **The Resolution of Conflict: Constructive and Destructive Processes.** Yale University Press. New Haven: 1973.

GAGGINI, Fernando Schwarz. **A responsabilidade dos sócios nas sociedades empresárias.** Livraria e Editora Universitária de Direito – LEUD. São Paulo: 2013.

EISNER, Michael D. **Be our guest: perfecting the art of customer service.** Disney Institute - Tradução de Cristina Yamagamil para: "O jeito Disney de encantar os clientes: do atendimento excepcional ao nunca parar de crescer e acreditar". Editora: Saraiva. São Paulo: 2011.

FAZZIO JÚNIOR, Waldo **Manual de Direito Comercial.** Editora Atlas. 17ª ed, atualizada com o novo CPC. São Paulo: 2016.

GRECO FILHO, Vicente. **Direito Processual Civil Brasileiro.** Vol. 1, 23ª Edição. Editora Saraiva. São Paulo: 2013.

IASBECK, Luiz Carlos Assis. Ouvidoria é comunicação. **Revista Organicom.** Vol. 07, nº 12. Jun.: 2010.

KEININGHAM, Timothy L.; COOIL, Bruce; ANDREASSEN, Tor Wallin e AKSOY, Lerzan. **A Longitudinal Examination of Net Promoter and Firm Revenue Growth. Journal of Marketing.** Vol.71, p. 39-71. Julho/2007.

LAS CASAS, Alexandre Luzz. **Qualidade Total em Serviço.** Conceitos, Exercícios e Casos práticos. 6ª edição. Editora Atlas. São Paulo: 2008.

LYRA, Rubens Pinto. A ouvidoria pública e a questão da autonomia. **Prima Facie.** Vol. 8, p. 15. Jul – Dez: 2009. Revista dos Tribunais – RT (Thomson Reuters).

LUCATO, Ana Paola Nunes Ferreira. **Mediação e Conciliação. Teoria e Prática [livro eletrônico].** Revista dos Tribunais – RT (Thomson Reuters). 1ª Edição. São Paulo: 2018.

LUZ, Eduardo Silva e SAPIO, Gabriele. Métodos alternativos de resolução de conflitos e a problemática do acesso à justiça em face da cultura do litígio. **Inter Faces Científicas.** V.6, nº 1, p. 9-22. Aracaju: Out/2017.

MARINONI, Luiz Guilherme. ARENHART, Sérgio Cruz. **Curso de Processo Civil. Processo de Conhecimento.** Editora Revista dos Tribunais – RT (Thomson Reuters). 2º Volume. São Paulo: 2012.

MARINONI, Luiz Guilherme; ARENHART, Sérgio Cruz e MITIDIERO. **Novo Curso de Processo Civil [livro eletrônico]: Teoria do Processo Civil.** Editora Revista dos Tribunais – RT (Thomson Reuters). 1º Volume. 3ª ed., rev., atual. e ampl. São Paulo: 2017.

MANCUSO, Rodolfo de Camargo. **Acesso à justiça [livro eletrônico]: condicionantes legítimas e ilegítimas.** Editora Revista dos Tribunais – RT (Thomson Reuters). 1ª Edição. São Paulo: 2015.

MARKEY, Rob. e REICHHELD, Frederick F. **A pergunta definitiva 2.0. Como as empresas que implementam o net promoter score prosperam em um mundo voltado aos clientes.** Edição Revista e Atualizada. Editora: Alta Book. Rio de Janeiro: 2018.

MARKEY, Rob. e REICHHELD, Frederick F. **Your best employees work for love, not money.** Bain & Company. Publicado em 07/10/2013. Disponível em: https://www.bain.com/insights/your-best-employees-work-for-love-not-money. Acesso em: 20/08/2019, às 22h00.

MARKY, Thomas. **Curso Elementar de Direito Romano.** 15ª Tiragem. Editora: Saraiva. São Paulo: 2014.

MARTINS, Fran. **Curso de Direito Comercial.** Revista Atualizada e Ampliada por Carlos Henrique Abrão. 40ª Edição. Editora: Forense. Rio de Janeiro: 2017.

MIRAGEM, Bruno. **Curso de Direito do Consumidor.** 5ª Edição. Editora: Revista dos Tribunais – RT (Thomson Reuters). São Paulo: 2018.

NUNES, Marcelo Guedes. **Jurimetria - Como a estatística pode reinventar o direito.** 1ª ed. Editora: Revista dos Tribunais – RT (Thomson Reuters). São Paulo: 2016.

PEIXOTO, Stefano Frugoli; MARSIGLIA, Regina Maria Giffoni e MORRONE, Luiz Carlos. Atribuições de uma ouvidoria: opinião de usuários e funcionários. **Saúde e Sociedade.** Vol. 22, n.3, p. 785 a 784. São Paulo: 2013.

PINTO, E.; LYRA, R. P. **Modalidades de ouvidoria pública no Brasil.** Editora Universitária da UFPB. João Pessoa: 2009.

PRIBERAM, Dicionário. Disponível em: https://dicionario.priberam.org/boca-a-boca. Acesso em: 05/12/2019, às 10h57.

PROCON, Fundação. **Cadastro de Reclamações Fundamentadas 2017** - Diretoria de Atendimento e Orientação do Consumidor. São Paulo: Março/2018.

TOMAZETTE, Marlon. Curso de Direito Empresarial: Teoria Geral e Direito Societário. Editora Atlas, 1º Volume, 10ª Edição. Revisada e atualizada. **São Paulo:** 2019.

SADEK, Maria Tereza Aina. Acesso à justiça: um direito e seus obstáculos. **Revista USP,** nº 101, p. 55-66. São Paulo: Mar. Abr. e Mai./2014.

SANDEL, Michael J. **Justiça. O que é fazer a coisa certa.** Tradução de Heloísa Matias e Maria Alice Máximo. 13ª Edição. Editora: Civilização Brasileira. Rio de Janeiro: 2014.

Sítios eletrônicos:

ABRAREC e ABO, Associação Brasileira das Relações Empresa Cliente e Associação Brasileira de Ouvidores/Ombudsman. São Paulo, 2015. **Manual de boas práticas Ouvidorias Brasil.** Disponível em: http://abrarec.com.br/wp-content/uploads/2015/07/Vs_pb.pdf. Acesso em: 20/01/2019, às 21h10.

BACEN, **Banco Central do Brasil.** Disponível em: https://www.bcb.gov.br/acessoinformacao/legado?url=https:%2F%2Fwww.bcb.gov.br%2Franking%2Findex.asp. Acesso em: 06/06/2019, às 20h00.

CONSUMIDOR EM NÚMEROS, SINDEC – Sistema Nacional de Informações de Defesa do Consumidor. Disponível em: https://www.justica.gov.br/news/collective-nitf-content-1552676889.94, acesso em 08/09/2019.

CNJ, Conselho Nacional de Justiça. Departamento de Pesquisas Judiciárias. **Relatório Analítico Propositivo Justiça Pesquisa Políticas Públicas do Poder Judiciário. Os maiores litigantes em ação consumeristas: mapeamento e proposições.** Ano: 2018. Disponível em: https://www.cnj.jus.br/files/conteudo/arquivo/2018/04/28383cca082cb68ac79144e7b40f5568.pdf. Acesso em: 03/07/2019, às 10h00.

CNJ, Conselho Nacional de Justiça. Departamento de Pesquisas Judiciárias. **Justiça em Números 2018.** Disponível em: https://www.cnj.jus.br/files/conteudo/arquivo/2018/08/44b7368ec6f888b383f6c3de40c32167.pdf. Acesso em: 09/07/2019, às 14h30.

CONSUMIDOR.GOV, **Secretaria Nacional de Defesa do Consumidor.** Disponível em: https://www.consumidor.gov.br/pages/principal/?1567990730610, acesso em: 18/08/2019, às 20h00.

EMPRESA AMIGA DA JUSTIÇA, **Tribunal de Justiça do Estado de São Paulo**. Disponível em: https://www.tjsp.jus.br/Conciliacao/Conciliacao/EmpresaAmigaJustica. Acesso em: 24/08/2019, às 21h00.

MINISTÉRIO DA JUSTIÇA E SEGURANÇA PÚBLICOS, Governo Federal. **Secretário reconhece maior conscientização dos consumidores brasileiros.** Brasília, 2019. Disponível em: https://justica.gov.br/news/secretario-reconhece-maior-conscientizacao-dos-consumidores-brasileiros. Acesso em: 18/07/2019, às 10h.

MINISTÉRIO DA JUSTIÇA E SEGURANÇA PÚBLICOS, Governo Federal. **Mudanças no atendimento do SAC vão priorizar solução ao consumidor na primeira ligação.** Brasília, 2019. Disponível em: https://www.justica.gov.br/news/mudancas-no-atendimento-do-sac-vao-priorizar-solucao-ao-consumidor-na-primeira-ligacao. Acesso em: 19/07/2019, às 20h.

REVISTA PEQUENAS EMPRESAS, GRANDES NEGÓCIOS. https://revistapegn.globo.com/Startups/noticia/2017/04/pesquisas-de-satisfacao-rendem-r-25-milhoes-para-startup-brasileira.html. Acesso em 09/12/2019, às 12h50.

RECLAME AQUI. Disponível em: https://www.reclameaqui.com.br/ranking/. Acesso em: 23/07/2019, às 10h00.

REICHHELD, Frederick F. **The Dubious Argument against *NPS*.** 2019. Disponível em: https://www.linkedin.com/pulse/dubious-argument-against-nps-fred-reichheld/ Acesso em: 15/08/2019, às 14h40.

REICHHELD, Frederick F. The One Number You Need to Grow. **Harvard Business Review.** 2003. Disponível em: https://hbr.org/2003/12/the-one-number-you-need-to-grow. Acesso em: 18/01/2019, às 19h12.

TCU, Tribunal de Contas da União. **Referencial básico de gestão de riscos.** Secretaria Geral Externa de Controle Externo - SEGECEX. Brasília: Abr/2018.

TRACKSALE. **8 Regras para medir corretamente o *NPS*.** *Ebook* – Plataforma 12 minutos. Disponível em: https://rdstation-static.s3.amazonaws.com/cms%2Ffiles%2F169%2F1558645944ebook-8-regras-para-medir-corretamente-o-nps-12minutos-tracksale-fred.pdf?utm_campaign=resposta_automatica_da_landing_page_blog__ebook_8_regras_para_medir_corretamente_o_nps&utm_medium=email&utm_source=RD+Station. Acesso em: 14/02/2019, às 15h00.

TRACKSALE. **As marcas que utilizam o *NPS*: o que elas podem te ensinar?** Por Tomás Duarte. Disponível em: https://satisfacaodeclientes.com/as-marcas-que-utilizam-o-nps/, acesso em 20/02/2019, às 09h20.

TRIBUNAL DE JUSTIÇA DO ESTADO DE SÃO PAULO, Presidência do. Dispõe sobre a Instituição do programa "Empresa Amiga da Justiça", política pública judiciária orientada ao enfrentamento conjunto da litigiosidade no Tribunal de Justiça do Estado de São Paulo (TJSP). **Portaria nº 9.126/2015**, Diário da Justiça Eletrônico, de 25/02/2015, p. 3.

SINDEC, Sistema Nacional de Informações de Defesa do Consumidor. **Boletim SINDEC.** Disponível em: https://www.justica.gov.br/news/collective-nitf-content-1552676889.94/arquivos/boletim-sindec-2018.pdf, acesso em 08/09/2019, às 22h00.

ENTRE EM CONTATO COM A HAIKAI

/haikaieditora

@haikaieditora

(11) 94386-8647

contato@haikaieditora.com.br

www.haikaieditora.com.br

Quer publicar seu livro?

SOBRE O LIVRO
Formato 14 x 21
Miolo: Papel offset 75 g/m²
Capa: Cartão supremo 250 g/m²
1ª edição: 2021
Este livro foi impresso pela gráfica Print Laser.
Janeiro de 2021.